LE TAPIS DE LOGE
AU GRADE DE COMPAGNON

Cahiers maçonniques

Collection dirigée par Edouard Boeglin

Ouvrages parus :

1. Etienne Pion, *Une fois le bandeau enlevé*
2. Bernard Cohen-Hadad (sous la direction de), *Respectable Loge Demain*
3. René Rougeron, *Les colonnes de la lumière*
4. Jean-Pierre Zimmer, *D'Orient en Occident*
5. Henri Caillavet, *Paroles de maçon*
6. Jean Khebian, *Propos initiatiques*
7. Jean-Marie Larchet, *L'État français contre la franc-maçonnerie, 1940-1944*
8. Poky Rochard, *Dictionnaire maçonnique impertinent*
9. Jean-Claude Le Saul, *Forces occultes*
10. Ernest-Marie Laperrousaz, *Jésus, Questions primordiales*
11. Collectif, *Des loges à la loi de 1901*
12. Jean-Pierre Zimmer, *D'hommes et de pierres*
13. Michel Marien, Yves Hillairaud (dir.), *Jeunesse fraternelle, Pont de l'Amitié*
14. Denis Lefebvre (dir.), *Marcel Sembat, Textes choisis*
15. Aloïs H.L., *Histoire du Souverain Collège du Rite Écossais pour la Belgique* (édition bilingue)
16. Pierre Albert (sous la direction de), *Action, une loge en son siècle (1903-2003)*
17. Jean-Claude Rochigneux (dir.), *Le tapis de loge au grade d'apprenti.*

ISBN : 2-84721-044-X

LOGE TRISTAN DUCHÉ
sous la direction de
JEAN-CLAUDE ROCHIGNEUX

LE TAPIS DE LOGE AU GRADE DE COMPAGNON

ÉDIMAF

Du même auteur

Le tapis de loge au grade d'apprenti, collection « Cahiers maçonniques », Éditions maçonniques de France, 2003

En collaboration avec Alain Bauer
Questions à l'étude des loges dans les obédiences de la franc-maçonnerie française, EDIMAF, 2003.

Sommaire

Reflexions sur le Tapis de loge

Le compagnon

Compagnon ! On songe au vieux français « compaing », un nom qui respire l'amitié, la loyauté. Compagnons ! Des camarades qui s'associent, des frères de Travail, à l'égalité de conditions que ne marquera aucune dépendance mais non plus aucune supériorité.

On nomme compagnonnages des sociétés formées entre ouvriers d'un même corps d'état dans un triple but d'instruction professionnelle, d'assurance mutuelle et de moralisation. Le lien qui unit les associés est resserré par la croyance à une antique origine et par la possession exclusive de quelques traditions mystérieuses.

On fait généralement dériver l'étymologie du mot compagnon du latin populaire de companem, c'est-à-dire « celui qui partage son pain avec les autres » : (de cum : avec et de panis : pain).

On retrouve également sa racine :

– en espagnol et en italien : *compagno ;*

– en provençal : *compain ou companho.*

Le substantif compagnon désigne donc un camarade, un ami, un associé qui mange le même pain. Cependant le terme que l'on vit apparaître pour la première fois dans la chanson de Roland vers 1020, est assez vague. En effet, compagnon signifiait aussi « demoiselle » ou « pucelle ». Dans les anciens livres, on trouve également compaing, compaigne, compagne, termes qui désignaient des associés de commerce.

Enfin, sa définition nous fait songer à la « Cène des Compagnons », aux « Chevaliers de la Table Ronde », aux « Chevaliers du Graal » qui, eux aussi, partageaient le vin et le pain. C'est bien dans ce sens qu'au Moyen Age on parlait de confrérie, association laïque dont le patronage religieux avait pour but l'entraide dans un esprit professionnel.

Le compagnonnage réunissait à l'origine les tailleurs de pierre, les charpentiers, les menuisiers, les forgerons puis les serruriers, c'est-à-dire des ouvriers pratiquant l'Art Royal de la construction.

On comptait ainsi trois rites de Compagnons :

– Les disciples de Salomon s'appellent Compagnons du Devoir de Liberté ou Loups.

– Les disciples de Maître Jacques, Compagnons du Devoir ou Dévoirants ou Compagnons Passants ou Chiens.

– Les disciples du Père Soubise, quant à eux, se nomment Compagnons du Devoir ou Compagnons Passants ou Bons Drilles.

Il n'y avait que deux grades dans le compagnonnage. Le degré de Maître n'existait pas. Quand on donnait ce nom, c'était pour désigner le patron, le « singe ».

Dans la Maçonnerie opérative, nous retrouvons également :

– le Maître qui est celui qui dirige le groupe, le président, (devenu le Vénérable Maître).

– la Cayenne qui est le lieu de réunion des Compagnons, par extension c'est l'assemblée (c'est l'équivalent de notre Loge).

– la Mère qui est la femme qui tient le siège de Compagnonnage et par extension c'est la maison des Compagnons elle-même (on peut l'assimiler au Frère Servant).

Ainsi, il est bien évident que le Compagnonnage et la Franc-Maçonnerie sont deux ordres bien distincts, même s'ils emploient les mêmes symboles et des rituels qui pourraient être comparables. La Franc-Maçonnerie entend agir sur la spiritualité de ses membres qu'elle veut perfectionner. Mais il est bien certain que les deux ordres visent finalement à l'élévation de l'Homme.

Le grade d'Apprenti est la base de toute la Franc-Maçonnerie. C'est sur son étude profonde que se fondent tous les progrès ultérieurs. Mais c'est aussi la clé de tous les autres. Un maçon, s'il en ignore le symbolisme ne possède aucune connaissance effective. Le deuxième grade n'est ainsi que la consécration du premier, en ce sens que l'Apprenti, par le seul fait qu'il a réalisé des progrès suffisants, est admis au grade de Compagnon.

Après l'étape du Cabinet de Réflexion et de la descente sur soi-même, après être passé de la perpendiculaire au niveau, de la Colonne du Nord à celle du Midi, le compagnon acquiert le droit à la parole, le droit de vote et peut commencer le travail effectif avec les autres.

Jusqu'au début du XVIIIe siècle, la Franc-Maçonnerie confère deux degrés : celui d'Apprenti, selon un cérémonial réduit, et celui de Compagnon qui, lui, contient la presque totalité de l'enseignement maçonnique. Plus tard, la part la plus importante du rituel de Compagnon fut transférée dans celui d'Apprenti, tandis qu'une autre part, celle de la parole perdue, fut transférée au grade de Maître; par contre, le rituel de Compagnon fut enrichi par l'Etoile flamboyante et la lettre G. Les deux premiers degrés reflètent ainsi l'héritage de la Franc-Maçonnerie opérative et du Compagnonnage. Ils forment un tout, dont le premier degré est une présentation, tandis que le second est une réalisation.

En effet, le profane qui se présente à l'initiation et qui est reçu en Franc-Maçonnerie ne peut assimiler immédiatement les éléments initiatiques du degré d'Apprenti. Ce n'est qu'au cours des mois qui suivent sa réception qu'il pourra assimiler progressivement le message initiatique.

Élevé au grade de Compagnon, il est mieux préparé à recevoir un enseignement plus approfondi. Pour mieux comprendre son grade, le Compagnon doit se référer aux cinq voyages, aux travaux et aux études qu'ils représentent. Le deuxième degré invite au voyage (le Tour de France pour les Compagnons) et aux rencontres : ce sont les visites aux autres Loges, ce sont les discussions, la communication et les confrontations d'idées grâce à l'assiduité et à la fréquentation en loge.

Le Compagnon possède d'autres outils que l'Apprenti et il doit apprendre à s'en servir pour pouvoir participer davantage à la construction du Temple :

– le premier voyage, par le maillet et le ciseau, c'est l'amélioration de soi-même.

– le second voyage, avec l'équerre et le compas, c'est la recherche de la Justice et de la Vérité.

– le troisième voyage, avec la règle, emblème du jugement droit et avec le levier, emblème de la puissance du Travail, c'est l'étude de la Nature à laquelle se rattachent les différentes sciences.

– le quatrième voyage, avec le niveau, ce sont les efforts que nous devons faire pour réaliser progressivement l'égalité sociale.

– le cinquième voyage, avec la truelle, c'est l'achèvement du labeur, la glorification du Travail.

L'élément spécifique du grade de Compagnon est le passage du nombre 3 au nombre 5 :

– les cinq lumières,
– les cinq marches,
– les cinq voyages,
– la marche des cinq pas,
– la batterie : 3 et 2,
– l'Etoile à cinq branches,
– les cinq évocations : gravitation, génération, génie, géométrie et gnose.

Quant à la lettre G, première lettre de toutes les sciences que nous venons de citer, c'est, incontestablement une énigme maçonnique. Un nombre infini d'interprétations parfois judicieuses, souvent fantaisistes ont été donné.

Si l'on entend par connaissance, la manière de comprendre, de percevoir ce que l'on a acquis par l'étude, la pratique ou l'écoute qui donne au maçon la faculté, voire la compétence d'apporter un jugement sur un problème donné, le grade de Compagnon est le grade-charnière par excellence : le compagnon vient de quitter ses Frères Apprentis, il vient d'acquérir le droit à la parole, mais il doit continuer à polir la pierre brute s'il veut atteindre à la maîtrise.

« Pour atteindre à la maîtrise, disait Hermès Trimégiste, l'homme a besoin d'une refonte totale de tout son être physique moral et intellectuel. L'âme est endormie, l'initiation la réveille. Alors l'homme peut devenir voyant et atteindre à la perception spirituelle… »

Et comme le dit notre Frère Rudyard Kipling : « Il y a quelque chose de caché. Va la trouver. Va voir ce qu'il y a par-delà les montagnes… Il y a quelque chose de perdu… perdu et qui t'attend. »

Le tapis de loge au grade de compagnon

– « Frère Grand Expert, remplissez votre office ! »

Ainsi, Le Grand Expert découvre le Tapis de Loge en Chambre de Compagnon dévoilant un espace symbolique particulier, inconnu du Compagnon nouvellement promu, et qui demande une interprétation spécifique. L'enseignement ne doit pas souffrir de retard et une analyse à la fois picturale tout autant que symbolique s'avère nécessaire.

Il apparaît naturel, dans un premier temps, de chercher dans les bons livres et chez les bons auteurs ce qui a été représenté dans ce domaine tout en tentant de s'en approprier la traduction symbolique. Cette méthode est, sur le plan didactique, parfaitement valable, mais elle ne nous éclaire pas totalement sur la personnalisation nécessaire d'une étude symbolique quel que soit le grade considéré. Aussi, nous allons, à travers les interprétations les plus classiques, tenter d'approcher la réalité de cette nouvelle représentation sous l'égide de laquelle le Compagnon va évoluer désormais.

Le premier élément choquant, parce que nouveau, est la couleur dominante de la représentation. A la couleur bleue, habituelle en Loge d'Apprenti, se substitue la couleur rouge. La nouveauté n'est pas vraiment réelle car, lors de l'augmentation de salaire, il avait semblé découvrir cette tonalité de lumière ambiante. Cette modification appelle une explication que l'on va évoquer avec Oswald Wirth qui assimile la couleur rouge à celle de la combustion du soufre vital, dans l'Athanor du Grand Oeuvre, en préambule à la transmutation finale.

Elle est également à rapprocher de l'espace d'évolution de ce grade si particulier que bon nombre d'auteurs l'ont taxé si sévèrement « d'intermédiaire ». En effet, les limites de la Loge d'Apprenti sont difficiles à appréhender. Son champ d'exploration est le monde dans son ensemble, sans autres limites que celles de la voûte étoilée et de l'horizon. Celles de la Chambre de Compagnon sont recentrées sur l'homme lui-même et ses actions qui restent à une échelle finie. Ainsi, le Compagnon est revenu dans les limites de la propre dimension de l'être social qu'il doit aujourd'hui envisager.

Le second grade est tourné vers l'extérieur, les autres et leur réalité. La couleur rouge est donc celle des limites de l'environnement de l'homme, à l'éclairage si particulier de notre propre entendement cultivé au grade d'Apprenti. Elle est le symbole de l'homme universel enseigné par le soufre rouge des Arabes et de son feu central que l'on rapprochera de celui de la terre. Elle est la couleur de notre sang, de celui qui est répandu et exhale la vie. Je pense aussi qu'elle est la couleur de l'intérieur de l'utérus maternel, mais j'avoue ne pas trop m'en souvenir. Le rouge est tout entier voué à la reproduction, à l'enfantement ; c'est la tonalité de l'humain.

Le second élément qui frappe immédiatement est l'enrichissement du Tapis de Loge en représentations symboliques nouvelles. Les outils sont plus nombreux et les éléments de décoration du Temple déjà présents sur le tapis au grade d'Apprenti se voient modifiés dans leurs attributs. Très rapidement, il est possible de se rendre compte que le chiffre « cinq » est dominant. Il est l'attribut des marches, des noeuds de la houppe dentelée, des branches de l'étoile. Il est la correspondance graphique à l'âge de Compagnon.

Les outils mis à la disposition du futur Compagnon se retrouvent disposés à côté de ceux de l'Apprenti comme pour lui rappeler que le travail sera également différent. Il aura à rechercher en permanence le rôle symbolique de chacun d'eux afin de s'enrichir à leur emploi. Le levier, la règle, la truelle sont les plus fréquemment représentés, mais non permanents. Leur absence peut interpeller et les explications en sont toujours intéressantes, pour pertinentes qu'elles soient.

Toutefois, l'outil n'est pas l'ouvrier. Il est le moyen qui lui permet d'accomplir la tâche, mais le geste, aussi précis soit-il, est essentiellement à la disposition d'un projet, d'une mission, d'un élan propre à faire avancer le praticien dans sa connaissance, dans l'oeuvre de sa vie. Cette dimension ne doit pas être oubliée au profit de la seule utilisation, la plus parfaite soit-elle, de l'instrument. Le Tapis, dans son ensemble nous apprend et nous rappelle que le savoir-faire doit s'accompagner très intimement du « savoir être » et que le maçon, éternel Apprenti, devra également garder en lui un permanent « savoir devenir ». Cet être en mouvement nous est montré et invité par la lecture du tapis de loge du Compagnon.

D'autres attributs vont attirer notre attention et demanderont des développements qui, comme à l'accoutumée, ne recevront de réponse symbolique qu'à travers la sensibilité de chacun. Cependant, il faut remarquer le plus évident des éléments qui constituent la richesse du tracé du Compagnon. Ce dernier se questionnera sur le rôle et la fonction du pentagramme étoilé et de la lettre G qui l'intriguaient depuis son apprentissage. Il ne manquera pas d'y apporter de multiples interprétations mais toutes n'auront pour rôle que de le rejeter encore plus loin dans son questionnement personnel et la recherche de sa Vérité.

De même, la générale disparition des grenades au profit de globes terrestres est souvent discutée. Plantagenet nous apprend qu'elles symbolisent, pour l'une la Terre, pour l'autre l'Espace et qu'elles justifient du coup l'usage spatial du compas, dépassant ainsi sa fonction dans le plan qui lui avait été conférée au grade inférieur. Enfin les fenêtres peuvent être représentées, comme sur le tapis d'Apprenti, mais certains auteurs les font figurer ouvertes, considérant que le Compagnon peut voir la lumière extérieure sans risquer de s'en troubler. Cet échappatoire externe est un signe de plus à l'extériorisation propre au grade.

Dans cet esprit, nous avons vu récemment des Compagnons en visite dans notre Atelier, présenter une « fiche de présence », leur tradition interne leur demandant de visiter au moins cinq Loges durant leur Compagnonnage. Cette heureuse initiative, toutefois un peu directive, n'est que la traduction de cette caractéristique majeure de ce grade voué au voyage et à la découverte des autres dans leur travail et leur mode de pensée.

En revenant à la représentation du Tapis de Loge, notre attention a été attirée dans un ouvrage de René Pyens par une gravure anglaise d'un « tracing board » de type allégorique, représentant l'entrée du Temple en trois dimensions, pourvue des colonnes surmontées des sphères, mais comportant également un escalier tournant, appelé « à vis » dans certains rituels, et qui nous rappelle que l'entrée en Chambre du Milieu attend le Compagnon aguerri. Ce mode de tracé original, propre au Rite Emulation doit nous rappeler qu'une représentation n'est jamais universelle et que chacun détient sa part de Vérité.

Cependant, nous devons nous souvenir du rôle premier des

Tapis de Loge. En effet, nos ancêtres se réunissaient généralement dans un local non réservé à cet usage exclusif, et l'arrière salle d'un auberge ou un salon d'habitation était consacré en un instant par un dessin exécuté par un Frère, généralement à la craie. On imagine la difficulté de reproduire une oeuvre complexe sans avoir à concevoir comme « prérequis » obligatoire à l'entrée en Maçonnerie, un talent d'artiste avéré.

Aussi, nous prendrons pour acquis la notion traditionnelle du Tapis de Loge en Chambre de Compagnon, telle qu'elle est le plus souvent rencontrée, c'est-à-dire représentative des attributs de la Loge. Le fait de dérouler le tapis est un acte de découverte qui authentifie le lieu. En d'autres termes et en d'autres lieux, on pourrait employer la notion de consécration au sens de dédier, de dévouer l'espace à une divinité ou à une fonction sacrée.

« Nous ne sommes plus dans le monde profane » affirment certains rituels et cette rupture du temps et de l'espace se trouve matérialisée, démontrée, par la représentation du tableau de Loge. Il apparaît à cet instant important de montrer la grandeur de l'oeuvre à accomplir, d'en définir le cadre et les outils. Nous avons tous besoin de limites, ne serait-ce que pour les connaître et quelquefois avoir en projet de les dépasser. Nous sommes ainsi fixés.

L'étude du Tapis de Loge au grade de Compagnon peut commencer et la connaissance exhaustive de ses composants nous apportera un élément de plus dans notre connaissance symbolique. Elle ne vaudra en fait que par le travail qui a été fourni. Elle ne vaudra que par la somme d'efforts qu'elle a nécessité. Au travail, Compagnons ! La route est longue et nécessitera de l'abnégation. A la fin, il n'y aura pas de signature car le travail de l'initié doit s'en passer et entrer dans la somme des travaux du collectif. Celui-ci est anonyme, utile et représentatif d'un savoir : c'est uniquement pour cela que nous sommes ici, souvenons nous de cela.

Le symbolisme graghique du pentagramme étoilé

Le symbolisme du pentagramme étoilé est bien l'un des points majeurs du symbolisme du grade de Compagnon. Il est possible de développer, dans des directions fort diverses, des dimensions exploratoires intéressantes et même innovantes. Cependant il est pratique de les regrouper en plusieurs familles :

– Numérologique d'abord, avec René Pyens, qui note que « du pentagramme on a déduit la règle du nombre d'Or. »[1] Déjà les Chaldéens avaient remarqué que « l'on pouvait découvrir le rapport divin dans le pentagone étoilé »[2].

– Hermétique par le symbolisme de la Volonté souveraine, de la Quintessence des Éléments, du feu central vivificateur qui permet de réduire un corps métallique en Mercure puis en Soufre. Il est dénommé pour cela « feu occulte artificiel »[3].

– Fonctionnelle par sa fonction de luminaire qui perce l'obscurité. Il est un des principes de la réincarnation par sa disparition diurne et sa renaissance nocturne. Il est, en position polaire, le point fixe de l'espace qui permet de se guider. C'est par lui que passe l'axe de l'Univers et la tradition yacoute le nomme « nombril du monde »[4].

– Religieuse, il symbolise l'ange, les sept étoiles tenues dans la main du Christ et sur le blason des Chartreux. C'est lui qui guide les rois Mages de la nativité. Déjà présent dans la mythologie gauloise, il se retrouve dans toutes les traditions européennes, américaines précolombiennes, d'aération aux sphères cosmiques à la matérialisation des âmes des morts. Ainsi, l'étoile est une constante du collectif symbolique humain.

– Maçonnique pure enfin, où elle figure l'homme régénéré, de l'harmonie universelle en faisant référence au Nombre d'Or. Ses cinq branches lui confèrent un symbolisme terrestre. Elle représente l'intelligence et la science, du « feu sacré du génie »[5].

L'ensemble de cette revue de la littérature symbolique appelle des commentaires aussi nombreux et variés que leurs auteurs. Cependant, il nous apparaît, au regard de la tradition des bâtisseurs, indispensable d'explorer une des dimensions symboliques particulières, celle du symbolisme graphique, pictural, du pentagramme étoilé.

1. René Pyens, *L'itinéraire du Compagnon*, Fondation Marcel Hofmans
2. Raoul Berteaux, *La symbolique du Grade de Compagnon*, EDIMAF, 1986
3. Oswald Wirth, *Le symbolisme hermétique*, Dervy, 1981
4. Jean Chevalier, *Dictionnaire des symboles*, Robert Laffont, 1986
5. Jules Boucher, *La symbolique maçonnique*, Dervy, 1980.

Le petit Prince aurait alors demandé au Compagnon perdu dans le désert : « S'il vous plaît, dessinez-moi une étoile ! » Ce dernier aurait alors, plus ou moins adroitement, dépourvu de ses outils, tracé dans le sable une étoile à cinq branches du bout de ses doigts. « Certes, aurait dit le Petit Prince, mais elle est bien singulière ton étoile, les angles sont-ils égaux, les branches équidistantes ? » Le Compagnon aurait alors tracé sur le sable le nombre 1,618. La voilà ton étoile, elle est toute comprise là-dedans, avec bien d'autres choses encore. Alors le Petit prince aurait été satisfait et aurait emporté le Nombre sur sa planète et pu, ainsi, mesurer l'Univers.

1,618 est dénommé le Nombre d'Or, objet d'un véritable culte par les Anciens. Il est également désigné par la lettre grecque Phi (j). Sa symbolique mathématique complexe la fait émerger d'une série de nombres appelée suite de Fibonacci dans laquelle chaque terme est égal à la somme des deux qui le précèdent, ou au produit de celui qui le précède par j. Les étonnantes propriétés de ce nombre l'ont fait remarquer très tôt par les mathématiciens de l'antiquité qui lui ont donné de nombreux autres qualificatifs tels que la section dorée ou la divine proportion. N'envisageons ici que l'implication du Nombre d'Or dans la construction et l'existence du pentagramme étoilé.

Il est possible de construire très exactement une étoile à cinq branches en se référant à la proportion dorée[6]. Partons d'un carré. Partageons la base de celui-ci selon la section dorée par une méthode simple[7].

Reportons cette division en partant de chacune des extrémités de la base. On définit ainsi deux points entre ces extrémités qui correspondent chacun à la divine proportion.

Reportons la mesure de ce point à son extrémité correspondante sur les côtés ascendants du carré. Joignons les par une droite parallèle à la base. On définit ainsi un rectangle appelé rectangle j dont le rapport entre les côtés est 1,618. Reportons sur le côté opposé à la base les mêmes points définis sur cette dernière.

Traçons alors les cercles centrés sur ces points et de diamètre

6. Jules Boucher, *La symbolique maçonnique*, Dervy, 1980

7. *Les Cahiers de Boscodon*, N°4

égal à la distance qui les sépare du sommet du rectangle le plus proche. Ces deux cercles se recoupent en un point supérieur proche du côté supérieur du carré primitif. A partir de ce point, traçons les droites passant par les centres de nos deux cercles précédents. On définit ainsi deux droites qui vont couper le base en deux points définissant les sommets de deux des branches de l'étoile. Il suffit alors de tracer les droites permettant de terminer le pentagramme.

Selon Boucher[8], l'étoile flamboyante est connue au grade de Compagnon alors que les grenades sont remplacées, au sommet des colonnes, par des sphères. Partant du carré long il est possible de tracer le pentagramme grâce aux deux cercles sécants. Nous retrouvons bien là un ensemble symbolique cohérent.

Que voyons-nous ? Une figure telle que chaque angle au sommet est de 36°, qu'elle peut s'inscrire dans un cercle et un pentagone et qu'elle détermine au départ de chaque branche, un autre pentagone. En partant du centre de la figure, on mesure que chaque sommet est séparé de l'autre par un angle de 72° et que les branches déterminent entre elles, à leur base, un angle de 108°, ces deux dernières mesures étant des multiples de 36.

Délaissons volontairement le symbolisme du chiffre 5, pourtant omniprésent dans cette représentation, pour nous pencher sur le nombre 36. Il résulte à la fois de la somme des quatre premiers chiffres pairs et de celle des impairs. Il signifierait ainsi « le nombre du ciel, la solidarité cosmique »[9]. Il est également le produit des deux premiers carrés (4 x 9) et la somme des trois premiers cubes (1 + 8 + 27). Revenons sur les carrés en sachant que chacun a une signification symbolique. Le 4 représente la terre, le corps, la trame matérielle des choses, le 9 la gestation, c'est-à-dire la préparation, la maturation.

La suite des angles (36°, 72°, 108°) se comporte comme un ensemble symbolique d'une extrême richesse. Selon le Père Jean Betous, l'angle de 108° engendré par l'étoile décrit le sommet d'un triangle qui, gradué selon la suite j de Fibonacci, sur sa bissectrice, détermine les divisions de la canne du Compagnon. Ainsi, il est

8. Jules Boucher, *La symbolique maçonnique*, Dervy, 1980

9. *Les Cahiers de Boscodon*, N°4

possible d'avancer que le pentagramme se comporte comme un tracé régulateur des constructeurs.

Il est également intéressant de prendre en compte le contenant que représente le pentagramme. Ce dernier, nous l'avons vu, détermine un pentagone central. A partir de celui-ci, il est possible d'envisager la construction d'une autre étoile contenue dans la première qui, elle-même contiendra un autre pentagone déterminant une nouvelle étoile et ainsi de suite. De cette manière, l'on peut entrevoir une des facettes de l'infini par ces figures, s'auto-reproduisant selon une trame dégressive ou progressive, générées par leur propre forme servant de matrice mais s'inversant à chaque génération. Nous verrons plus tard que la signification ésotérique de la disposition de l'étoile est toute différente.

En poursuivant dans la direction des images contenues, certains ont pu voir la génération graphique d'un oeuf. Ce dernier, symbole de la naissance est largement utilisé dans nombre de traditions pour la représentation de la Génération, de la renaissance. Il en est de même de la Croix Ansée des égyptiens qui semble symboliser « les millions d'années de la vie future »[10], c'est-à-dire l'éternité. De même, en construisant un ensemble de triangles isocèles semblables à la branche de l'étoile, on parvient à construire la spirale dont la signification d'ouverture infinie ne nous échappe pas.

Il est remarquable de constater que ces images induites par le pentagramme contiennent toute cette dimension du dépassement des limites, de l'infinitésimal à l'éternité.

Cette énumération de contenus géométriques est d'une richesse qui ne doit pas faire oublier celle des représentations plus ésotériques telles que l'homme articulé autour des cinq branches. Ces figures revêtent des aspects de significations diverses. Bénéfique lorsque l'étoile figure l'homme écartelé, la pointe en haut, mais aussi maléfique lorsqu'elle est inversée une pointe en bas, elle inscrit un Bouc, les cornes se situant dans les deux branches supérieures. Il n'est pas rare de voir s'opposer les significations lors du changement d'orientation de l'image. Si cette tendance est matérialisée par le bouc, animal maléfique, ce dernier est aussi capable de porter et d'expier les malheurs d'une communauté.

10. Jean Chevalier, *Dictionnaire des symboles*, Robert Laffont, 1986

Nous avons pu enfin constater que, tout au long de cette étude, le pentagramme a été assimilé à la représentation de l'étoile en tant qu'astre. Depuis la plus haute antiquité, cette notion est présente, telle que la rapporte Raoul Berteaux[11] à propos d'inscriptions chaldéennes retrouvées sur un sarcophage et évoquant le « pentagone étoilé ». Levons les yeux vers notre voûte étoilée, l'image des corps célestes représentés le sont fidèlement à type de simples points lumineux. Il n'y a pas de branches, encore moins cinq, six ou sept. Il s'agit donc bien là d'une représentation archétypale, remontant aux plus anciennes civilisations, et parfaitement ancrées dans notre inconscient collectif, comme une image identifiée, universelle, quels que soient les cultures, les mythes fondateurs.

En Maçonnerie, l'adjectif flamboyant se rattache systématiquement à l'étoile. Il s'agit vraisemblablement d'une volonté de l'assimiler à un luminaire en dehors d'autres sources d'interprétation de sa présence dans le Temple. Aussi, Compagnons, lorsque nous contemplons ce symbole, en nous retournant après avoir accédé à la marche incolore, la cinquième de l'escalier, la multiplicité des interprétations joue dans le sens d'un nouveau questionnement venant bousculer nos interprétations acquises. Sachons donc l'enrichir de nos recherches, de nos hypothèses qui feront que notre chemin sera toujours plus fécond.

L'étoile flamboyante : astre de la libre pensée ?

En passant de la colonne du Nord à celle du Midi, l'apprenti accède au grade de compagnon. Lors de la cérémonie d'augmentation de salaire, il contemple l'Etoile Flamboyante en même temps qu'il est placé au centre d'une étoile qu'il a construite à l'aide des frères de la loge.

Ce symbole majeur du grade de compagnon est présenté dans le manuel d'instruction au deuxième grade comme l'astre de la libre pensée. Que faut-il entendre par là ?

Sur le plan métaphysique, la libre pensée est la manifestation du scepticisme à l'égard d'une affirmation dogmatique. La

11. Raoul Berteaux, *La symbolique des nombres*, EDIMAF, 1994

libre pensée est aussi la pensée libre, la pensée libérée de l'homme conscient par l'accès à la connaissance et ceci grâce au travail.

Il convient tout d'abord de présenter le symbole avant d'en rechercher sa signification. L'étoile flamboyante apparaît au nouveau compagnon sous un double aspect : le pentagramme rayonnant – l'étoile à cinq branches – et la lettre G en son centre.

Tous les auteurs s'accordent pour mentionner l'universalité de l'étoile à cinq branches. Dès l'antiquité, elle apparaît dans plusieurs civilisations. Son utilisation et sa présence se perpétuent au cours des siècles. Aujourd'hui encore on la retrouve sur près de 50 drapeaux de différents Etats, sur des pièces de monnaie. On ne peut que constater la permanence et la puissance de ce symbole.

Pour la Franc-Maçonnerie, l'utilisation du pentagramme est mentionnée pour la première fois en 1737.Il est aussi appelé l'étoile polaire ou étoile du Nord. Sa position dans le temple est au Nord-Ouest, ce qui la rend invisible aux apprentis. Il faut peut-être noter pour mémoire que certains rites la placent à l'Orient.

Il est donc évident que l'étoile n'apparaît qu'au grade de compagnon. Etoile certes, mais pourquoi cinq branches ? La réponse la plus évidente est que le chiffre cinq est le chiffre du compagnon : il a cinq ans, il effectue cinq voyages, il a cinq sens, il fait cinq pas, la batterie est de cinq battements, l'escalier a cinq marches.

Au centre de l'étoile est placée la lettre G. A l'ouverture des travaux en chambre de compagnon, le Vénérable Maître demande au Premier Surveillant :

– « Frère Premier Surveillant, êtes-vous compagnon ? »

Le Premier Surveillant répond :

– « Je connais la lettre G. »

La signification du G est toujours l'objet de discussions passionnées. Laissons la parole à Jules Boucher : « Cette lettre est incontestablement une énigme maçonnique et sur elle plane un mystère qui a suscité un nombre infini d'interprétations et de commentaires parfois judicieux mais souvent fantaisistes. »

Certains y ont vu le Gamma majuscule qui a la forme d'une équerre L ? Mais pourquoi l'avoir transposé en lettre latine G ? D'autres récusent l'idée même que G puisse être une lettre et y voient un pur graphisme, peut-être l'amorce d'une spirale.

Les interprétations les plus nombreuses font de G un monogramme. L'une d'entre elles voit la première lettre de GOD - Dieu en anglais. D'autres exégètes sont allés encore plus loin en faisant de G la première lettre de Geovah (version qui semble relever de la plus haute fantaisie). Enfin dans la même veine, la réponse a été recherchée dans les alphabets anciens et notamment Yod, dixième lettre de l'alphabet hébreu, initiale de plusieurs noms qui désignent la divinité suprême mais aussi la main, d'où la notion de « main divine ».

La dernière interprétation que nous retiendrons conserve l'idée du monogramme, mais dans un registre non religieux. La lettre G reçoit cinq significations : gravitation, géométrie, génération, génie et gnose.

Le chiffre cinq est le chiffre de l'Homme. Cinq est l'addition de trois (esprit) et de deux (corps). L'homme n'est pas un pur esprit ni une simple entité biologique. Léonard de Vinci a dessiné l'image d'un homme tenant les bras et les jambes écartés de telle façon que les quatre extrémités des membres et la tête coincident avec les sommets d'un pentagone étoilé inséré dans un cercle. Selon cette représentation de la Renaissance, cinq est le chiffre de l'homme en tant qu'être placé au centre du Cosmos.

Le pentagramme représente l'homme. C'est donc à chacun de construire sa propre étoile intérieure. Cette construction est permanente. Graphiquement on peut construire l'étoile d'un seul trait. Partant de là, le passage à l'une des significations de G est aisé : la notion de géométrie. L'esprit de géométrie doit imprégner toute recherche. Elle est le passage obligé à toute « construction universelle ». Elle est un moyen de formation de l'esprit.

Là réside toute la démarche du maçon depuis son initiation. L'apprenti doit par la perpendiculaire descendre en lui-même, essayer de se connaître lui-même. L'homme est souvent aliéné par ses préjugés, ses facilités, ses lâchetés, ses faiblesses. Les solutions faciles ou manichéennes sont confortables parce qu'elles évitent la réflexion et le travail.

En passant de la perpendiculaire au niveau, le compagnon découvre qu'il accède à un grade opératif par excellence. Au cours des cinq voyages qu'il a effectués, il a pris en main les outils lui permettant de tailler, de tracer, de dresser, de déplacer, de vérifier. Le cartouche du cinquième voyage glorifie d'ailleurs le travail. Le génie de la lettre G suppose la continuité dans l'action et la persévérance dans l'effort.

Il faut remarquer qu'au deuxième grade l'étoile flamboyante apparaît comme le symbole essentiel alors que la pierre cubique est beaucoup plus reléguée au second plan. En effet, le compagnon doit, par les connaissances qu'il acquiert et par son travail, faire disparaître les aspérités et irrégularités de la pierre cubique. Le résultat ne peut être obtenu que par une prise de conscience participant à la fois de l'écoute, de la tolérance et de la réflexion. Ainsi le compagnon, construisant son étoile personnelle dans sa loge, est aussi un citoyen dans le monde profane où il exerce une profession. Il va donc propager au dehors les vérités apprises dans le temple. La Franc-Maçonnerie n'est pas une fin en soi, c'est un moyen. Elle enseigne une méthode utilisable au dehors.

Jacques Trescases, dans son ouvrage sur L'Etoile Flamboyante, voit dans le pentagramme la représentation de la démocratie alors que le pentagramme renversé est le reflet de la technocratie. Dans le premier cas, le gouvernement a pour but l'intérêt général, alors que le second privilégie des intérêts particuliers.

Ainsi donc, l'étoile flamboyante est bien la représentation de l'homme et des diverses significations de la lettre G indiquant au compagnon à quoi il doit s'attacher dans son travail.

La gravitation symbolise l'unité fraternelle des francs-maçons et la solidarité de l'édifice maçonnique. La géométrie vise à la fois la construction individuelle et universelle - du microcosme au macrocosme. Chaque individu doit tenir sa place dans l'édifice social. La génération vise à déchiffrer l'énigme de la vie, ce qui suppose une pensée rationnelle. Le génie pourrait se résumer par la persévérance dans le travail. La gnose, c'est la connaissance d'un esprit qui a su pénétrer les mystères de l'initiation. Ceux-ci étant incommunicables, chacun doit les découvrir. Ceci implique que l'homme doit apprendre toujours davantage.

Ces différentes significations de la lettre G constituent une vision synthétique de l'ensemble des connaissances et des valeurs que doit acquérir le compagnon. Un travail réfléchi, mesuré, débarrassé de vaines passions, amène donc à l'homme accompli et équilibré.

L'étoile flamboyante permet aussi au compagnon de prendre conscience de la loge. L'apprenti a été initié dans une loge juste et parfaite : trois la dirigent, cinq l'éclairent, sept la rendent juste et parfaite. La place des « cinq lumières » de la loge figure l'étoile flamboyante. Le Vénérable Maître, les premier et deuxième Surveillants, l'Orateur et le Secrétaire animent et permettent le bon fonctionnement de la loge. Ils sonten quelque sorte son esprit.

Cette appréhension de l'atelier se retrouve dans l'addition du binaire et du ternaire figurés sur le tapis de loge d'apprenti : 2 figures astrales, 2 outils, 2 pierres, 2 colonnes mais aussi 3 fenêtres et 3 marches.

Mais au deuxième grade, le compagnon se trouve au sein de la loge dans une situation bien différente de celle de l'apprenti. Ce dernier ne sait ni lire ni écrire, il est dans une situation d'écoute, d'introspection. Il ne peut prendre la parole que s'il y est invité.

En passant de la perpendiculaire au niveau, le compagnon joue un rôle actif. Il travaille dans la direction des maîtres. Sa démarche initiatique se poursuit. Reconnu comme tel, il participe aux votes, il accède à la parole par les planches qu'il trace et par sa participation aux débats.

Le compagnon participe à la construction du temple universel dont la géométrie de l'étoile est le symbole. Il doit apporter sa pierre taillée à l'édifice en assurant sa cohérence. Son humilité lui rappelle que le temple peut être détruit par les ennemis de l'extérieur mais aussi de l'intérieur. Le temple est toujours à reconstruire.

L'étoile n'est pas seulement le symbole central qui décore ou qui éclaire le temple, c'est de plus la base architecturale qui permet de le construire et lui donne sa solidité.A partir de son équilibre, sa connaissance et son travail, le compagnon va rayonner. C'est peut-être là qu'il faut rechercher le flamboiement de l'étoile, car la connaissance lui donne la clef de la liberté, de l'égalité et de la fraternité.

La liberté est celle qui est conquise sur soi-même et Jacques Trescases en parle « comme étant celle de l'affranchi qui ne doit plus de compte qu'à un seul maître, celui précisément qu'il ressucite, sa conscience. Nous sommes évidemment loin de la fantaisie libertaire, le caprice de faire n'importe quoi, n'importe où, n'importe quand, quels qu'en soient le but et surtout les effets ».

La conscience amène la pratique de l'égalité et de la fraternité. Cette dernière, pourtant obligation majeure de la maçonnerie, semble galvaudée.

La fraternité ne doit pas être considérée comme un vague sentimentalisme ou une réaction de groupe refermé sur lui-même. C'est la prise en compte de la dignité des autres, de leur respect. Rappelons-nous que lors de l'initiation le Vénérable Maître demande au futur frère de tendre la main à celui qu'il pourrait reconnaître comme son ennemi au moment où il va recevoir la lumière.

L'étoile flamboyante enfin est le symbole de la libre pensée. Celle-ci conquise par le compagnon est le fruit de son travail. Elle est la manifestation d'un homme nouveau qui sait que celui-ci n'est jamais achevé que ce soit sur lui-même, dans la loge ou dans l'édification du temple universel.

L'étoile flamboyante ne peut manquer de nous renvoyer à l'Article premier de la Constitution du Grand Orient de France et en particulier au deuxième alinéa : « La Franc-Maçonnerie a pour principes la tolérance mutuelle, le respect des autres et de soi-même, la liberté absolue de conscience ».

Le pavé mosaïque

Le pavé mosaïque se définit comme un « carré long » composé alternativement de dalles de couleur noire et de couleur blanche et dont les dimensions sont en rapport avec le nombre d'or. Dans le Temple, sa place est matériellement et symboliquement définie par la voûte étoilée qui symbolise l'infini.

Sa fonction rituelle est double : d'une part, il représente l'espace sacré, délimité par trois piliers symbolisant la Sagesse, la Force et la Beauté, sur lequel il est rigoureusement interdit de marcher tant que les travaux sont ouverts et, d'autre part, il commande la circulation dans le Temple puisque c'est autour de lui et du Tapis de loge qu'elle se fait.

Le pavé mosaïque, dit Ragon, emblème de la variété du sol terrestre, formé de pierres blanches et noires, unies par un même ciment, symbolise l'union de tous les Maçons du globe, malgré la différence des couleurs, des climats et des opinions politiques et religieuses ; elles sont une image du bien et du mal dont est semé le chemin de la vie.

Nos perceptions, dit Wirth, résultent de contrastes. Ce sont eux qui créent le constatable, en ce sens que, sans eux, l'uniformité nous échapperait et se confondrait avec le néant. Le pavé mosaïque, composé de dalles alternativement blanches et noires, est, en Franc-Maçonnerie, l'image de l'objectivité.

On donne, nous dit J. Boucher, au blanc l'acception courante du « bien » et au noir celle du « mal ». Il serait plus juste de dire « spiritualité » et « matérialité »... Le symbolisme exotérique du pavé mosaïque est éloquent : à vouloir s'en tenir au « blanc », à un point de vue strictement religieux, on est assailli de tous les côtés par des forces obscures qui provoquent des fantasmes.

Par contre, celui qui voudrait faire du « noir » sa règle de vie se trouverait bientôt enserré par des forces blanches qui l'obligeraient à abandonner sa position, soit qu'il meure ou qu'il soit retranché de la société d'une façon ou d'une autre. Toute action appelle une réaction qui vient rétablir l'équilibre un instant troublé : tel est le symbolisme du pavé mosaïque, conclut Jules Boucher.

Abordons donc ce symbole par trois de ces interprétations qui m'ont le plus interrogé : le Bien et le Mal ou Dieu et Diable, l'unité des Maçons quelles que soient leurs couleurs ou leurs idées et cet exemple du principe des opposés qui, pour moi, symbolise la laïcité et la démocratie.

1. Dieu et Diable, enfer et paradis,... bien et mal

Paul VI écrit en 1974 : « Le démon existe, non seulement comme symbole du mal, mais comme réalité physique ». Par cette phrase, il ne fait que confirmer un dogme : l'existence du Diable a été établie par le quatrième Concile du Latran, en 1215. Deux siècles plus tard, la bulle papale d'Innocent VIII, Sumnis Desiderantes Affectibus, confirmait que l'Europe occidentale était la proie du Mal, des démons et des sorcières. C'est alors que deux dominicains, Kramer et Spengler, rédigèrent le manuel à l'usage des inquisiteurs, le Malleus Malleficarum. Ce livre fait par des fanatiques, sera la cause de la torture et de la mort de milliers de malheureux : au nom de Dieu, on élimine le Diable, le Blanc cherche à couvrir le Noir et à ne plus offrir l'alternance.

Mais qui est donc ce Diable symbole du mal et du noir ? Lucifer, pour l'appeler par un de ses noms, est en fait la connaissance. Dans la Genèse, le diable, sous la forme du serpent, parvient à ce que l'homme cesse d'être une créature aliénée et stupide pour acquérir la conscience, le libre-arbitre, la lucidité. Avec la souffrance et l'incertitude que cette connaissance et cette liberté impliquent. Il est donc nécessaire à l'homme, il propose le choix et donne la liberté car désormais tout n'est plus « blanc », mais équilibre entre Blanc et Noir, Bien et Mal. Dès lors, le Paradis, ou le Bien, n'est plus à l'origine mais à la fin du monde quand il sera enfin Juste, Vrai et Beau.

L'Antéchrist, les textes sacrés le précisent, ne se présentera-t-il pas comme un ange de lumière, comme le plus docte et le plus pur, si séduisant que les justes eux-mêmes seront dupés et se soumettront aux préceptes de ce personnage ambigu ? D'une telle ambiguïté que, par retour, il était facile de désigner les hérétiques, les faux prophètes, les savants, les humanistes, comme ses suppôts, ses précurseurs.

Entre 1550 et 1666, le néoplatonisme humaniste et les mouvements hermétiques ou kabbalistes perdent la bataille, emportés par des rumeurs qui leur prêtent des pratiques démoniaques… 1600, Giordano Bruno est brûlé vif. Les tenants de l'ordre avaient pour eux le pouvoir et le monopole des expressions culturelles dominantes ; le discours humaniste, éclairé, fut à toute force occulté et nous parvient en lambeaux.

Les soi-disant tenants du Bien ou de Dieu ont donc toujours tenté de faire disparaître ce qu'ils croyaient être le Diable ou le Mal. Suivant les époques, ce Mal a pris différentes formes. Cependant le Mal s'expliquerait donc en définitive parce que le monde n'est pas Dieu. L'idéal qui habite la conscience de l'homme, et qui pourtant le dépasse, atteste peut-être de la présence de Dieu ou du Bien, chacun suivant ses croyances.

Pour nous, francs-maçons, il faut être capables de discerner le Bien du Mal, le blanc du noir, car pour être responsables, il faut avoir connaissance des valeurs morales. Mais je ne me reconnais l'auteur de mes actes, le responsable de ceux-ci que si j'ai le sentiment d'avoir agi en toute liberté, que j'ai eu le choix. L'équilibre est donc nécessaire entre les cases noires et les cases blanches : il symbolise le fait qu'aucune des deux solutions opposées n'est a priori imposée, contrairement à ce qu'on a vu avec l'église et la religion catholique.

Aujourd'hui, pour les philosophes, un univers Juste, Vrai et Beau est un univers immensément complexe, d'une complexité infinie. Par conséquent, la possibilité d'un tel univers s'est considérablement éloignée. Ceci est la divination de l'univers aux origines duquel est non pas Dieu, mais purement le « choix » entre l'être et le non-être et donc le choix du devenir...

L'invention de la divinité ou de la perfection, ou du bien et du mal, a été l'invention d'une lumière non-existante (une simulation) qui a permis à l'homme d'anticiper, de prophétiser une possible, si éloignée soit-elle, perfection divine à la fin du monde. Les révélations religieuses ne sont alors que des inventions humaines qui précèdent la création de la divinité.

2. Unité des maçons : une idée de la laïcité

Si, comme le dit Ragon, le pavé mosaïque symbolise l'unité malgré les différences, si, comme le dit Wirth, il est de plus l'image de l'objectivité, alors je me permets de penser qu'il me rappelle la laïcité dans une de ses expressions. En effet, qu'est-ce que la Laïcité ?

La laïcité n'oppose pas un absolutisme à un autre absolutisme, elle nous invite au contraire à nous faire de la « vérité » une idée souple et ouverte, par là même elle rend possible, sous le signe du relatif, des efforts de compréhension réciproque, qui ne pouvaient hier être envisagés. Elle est la volonté constante de substituer, aux échanges de coups, les échanges de vues, à la simple tolérance l'appel joyeux et confiant aux diversités de l'esprit.

Pour la laïcité, la diversité est un bien suprême qu'il faut souhaiter parce qu'elle est l'artisan de tous les progrès. C'est le plus sûr moyen d'atteindre la sérénité dans les grandes controverses. Qui nous enseignera l'infinie diversité des êtres dans l'évidente unité de l'espèce ? Qui nous enseignera que diversité et unité s'appellent l'une comme l'autre, comme l'ordre et le désordre ? C'est au nom de l'unité de l'espèce que j'accepte, que j'aime sa diversité. C'est au nom de la diversité des cultures, des héritages, des climats, des opinions politiques et religieuses, des races, des visions, des moeurs, que je suis en quête de l'unité sans laquelle il n'y aurait pas de sens.

De plus, la laïcité est le principe au nom duquel il n'y a pas de « vérité en soi », de vérité absolue, objective, s'imposant à l'esprit humain ; il n'y a que des opinions, des convictions personnelles et l'homme est « libre » en ce sens précisément qu'il a devant lui un champ large et ouvert pour construire « sa vérité », sans être soumis à aucun dogme. Sa conscience est son seul guide et il n'a pas à se rapprocher d'une vérité qui existerait en dehors de lui, mais à construire sa vérité qui est un devenir perpétuel. N'est-ce pas là l'objectivité dont veut parler Wirth ?

Ce qu'il faut sauvegarder avant tout, c'est cette idée qu'il n'y a pas de vérité sacrée, c'est-à-dire interdite à la pleine investigation de l'homme, c'est cette idée que ce qu'il y a de plus grand au monde c'est la liberté souveraine de l'esprit, cette idée qu'aucune puissance intérieure ou extérieure, aucun pouvoir, aucun dogme ne doivent limiter le perpétuel effort et la perpétuelle recherche de la raison humaine dans sa diversité.

Toutefois, des choix positifs sont nécessaires pour les Etats. En effet, prenons le cas de l'avortement : on peut introduire dans les lois une distinction entre différentes circonstances de l'avortement, mais rien n'empêchera que certains individus resteront intimement convaincus qu'une certaine catégorie d'actes devrait être autorisée légalement tandis que d'autres individus, avec une égale conviction, jugeront que ces mêmes actes devraient être prohibés. On en arrive au difficile exercice de la démocratie qui est un exemple des principes opposés.

3. La démocratie, le difficile chemin des principes opposés

La démocratie est le système qui, par essence, se traduit par l'opinion « noire » face à l'opinion « blanche ». En effet, elle se traduit par la conjugaison de la conviction et de l'acceptation d'autres convictions, démarche qui caractérise la tolérance en faisant une place, dans la sphère privée, aux convictions diverses pour les groupes et communautés et en incorporant, dans la structure de l'Etat, l'acceptation de cette pluralité. Ce système fonctionne avec l'adhésion de tous, dont découle la cohésion du groupe. C'est donc une société bâtie sur la cohésion qui repose sur le Droit et une aspiration à un respect égal pour tous plutôt que sur une communauté de convictions profondes et spécifiques.

Ceci requiert un idéal de citoyenneté et de l'enthousiasme car ni un affaiblissement de l'enthousiasme ni le repli dans la sphère privée ne peuvent résoudre les problèmes. Si tout n'est plus qu'une affaire de jugement ou de goûts individuels, on perd le sens de l'identité sociale et de l'appartenance à une communauté (donc de l'unité) dont les intérêts dépassent ceux de chaque individu. Aucun groupe ne s'impose aux autres, chacun restant libre d'exprimer et de défendre ses opinions. On peut se demander alors si la démocratie ne présuppose pas la laïcité.

Ainsi, un état est vraiment démocratique et laïque lorsqu'il n'impose aux citoyens aucune volonté échappant à leur stricte autorité humaine et raisonnée. Un état laïque et démocratique ne reconnaît à la notion de sacré aucune valeur publique et contraignante. Cela exclut du champ public les divinités de toutes sortes, de toute forme de religion civile (divinités d'Etat), de tout culte de la société ou du lien social. La réciproque est d'importance : la puissance publique n'a pas le droit d'interdire une forme de religiosité dans l'espace civil pourvu qu'elle se conforme au droit commun.

Gardons à l'esprit l'alternance du pavé mosaïque ; de ce fait mon jugement est qu'une démocratie qui pour moi est pareille au pavé mosaïque est aussi éloignée du libéralisme que de la révolution, car tous deux génèrent leur propre déséquilibre. Les totalitarismes de droite comme de gauche veulent libérer l'énergie sociale et nationale des entraves que lui imposent le profit capitaliste et la domination coloniale et, de leur côté, les libéraux demandent la libre recherche de l'intérêt et de la satisfaction des besoins. Les révolutionnaires soumettent le peuple aux décisions scientifiques des intellectuels, les libéraux le soumettent à la puissance des entrepreneurs et, plus largement, des classes éclairées qui seules sont capables de se conduire rationnellement.

Tout comme l'Etat central puissant est, a priori, considéré

riche de potentialités sociales par les révolutionnaires, la démocratie en usage dans les nations les plus développées, les plus instruites, les plus riches, s'avère être le régime qui permet aux libéraux d'associer étroitement modernisation économique et libéralisme politique : on n'est pas loin du régime athénien basé sur des esclaves qui aujourd'hui seraient le tiers et le quart monde. Ce qui tend à donner les pleins pouvoirs à une élite dirigeante formée d'hommes adultes, bourgeois européens ou américains, sur le reste du monde (femmes, enfants, travailleurs de ces pays et sur les pays colonisés ou dépendants).

Cette démocratie libérale qui n'est pas, je le répète, la démocratie au bon sens du terme, c'est-à-dire celle que symbolise l'équilibre de notre pavé, produit une dualisation constante de la population mondiale entre un secteur central et les exclus, les marginaux. Dans ce cas, elle favorise le départ des capitaux, des richesses et des ressources (humaines, naturelles et intellectuelles) vers le secteur central qui est donc centripète, mais fortement centrifuge pour beaucoup d'exclus. Les démocraties révolutionnaires et les démocraties libérales justifient donc toutes deux leur action politique par sa concordance avec une rationalité « naturelle ».

La démocratie n'est donc ni libérale, ni participative : elle est arbitrale et laïque, ce qui suppose une reconnaissance de chacun. Elle reconnaît à la fois son unité et ses conflits internes tout comme le Pavé est noir et blanc et unique. Ceci implique naturellement le droit et la justice qui est le maximum de liberté possible pour le plus grand nombre possible. La participation du plus grand nombre aux produits de l'activité collective garantit cette démocratie.

Conclusion

En abordant ce symbole, je me doutais, mais peut-être pas à ce point, qu'il conduirait ma réflexion sur des chemins que vous avez peut-être trouvés écartés. Mais étant donné la position centrale que le pavé mosaïque occupe dans nos Temples, je suppose qu'il a, comme le disent Ragon et Wirth, une signification assez importante et complète pour que, comme tout symbole fondateur, il soit l'objet d'une interprétation, différente à chaque planche.

Cependant n'est-ce pas là l'alternance du blanc et du noir en parfait équilibre, en opposition et en une seule unité, la représentation de tous les francs-maçons de la Terre autour du pavé mosaïque éprouvant notre fraternité au-delà de toutes nos différences ? Ne peut-on pas penser que tant que nous n'aurons pas réglé le problème de l'objectivité et de la laïcité, la démocratie, image de l'alternance, de l'unité et de l'équilibre sera en devenir ? Finalement, n'est-ce pas là pour nous le moyen de faire progresser la société en dehors du Temple ?

La lettre G

– « Frère premier Surveillant êtes-vous Compagnon ? »
– « Je connais la lettre G ».

Ainsi commence le rituel au grade de compagnon, ouverture d'un hermétisme parfait. Mais pourquoi donc la 7e lettre de l'alphabet ? Pourquoi pas la 5e ? La lettre E… Heu… non cela eut été trop simple ! Je n'ai pas la prétention d'élucider ce soir l'énigme de la lettre G. Tous les Sherlok Holmes de la littérature maçonnique ont apporté tant de pierres différentes à l'édifice, certaines concaves, d'autres convexes, que ce dernier me semble quelque peu bancal. Leurs analyses sont souvent contradictoires. Il serait donc présomptueux à un compagnon de vouloir s'écrier Eurêka. Ainsi, j'apporte mon grain de sable à cette quête en réclamant par avance votre indulgence si mon exposé prend parfois l'allure d'un labyrinthe.

Fusion du G dans l'Etoile, havre de paix, merveille suggérant l'infini, l'inaccessible, mais pourquoi dans l'étoile ? Ce pentagramme remonterait aux pythagoriciens, symbole du microcosme humain et de la manifestation centrale de la lumière au milieu des ténèbres du monde profane, elle est comme le nombre 5, symbole de perfection. Tracée entre l'Équerre et le compas, c'est-à-dire entre la terre et le ciel, elle peut figurer l'homme régénéré, rayonnant comme la lumière. Cette Etoile Flamboyante est un nouveau symbole sur le tableau de loge au grade de compagnon, avec toujours en son centre la lettre G, principe divin dans le coeur des initiés.

M'est-il permis de dissocier et donc d'extraire le G de l'Etoile? Certains animaux comme les vers ou les étoiles de mer coupés en deux peuvent reconstituer deux nouveaux individus complets. Dans ce cas, on peut se demander si notre Etoile, orpheline de son G, ne se suffirait pas à elle même et inversement. Par extension, des Frère issus de la même loge mère peuvent continuer à communiquer dans l'espace et la durée, la chaîne et la continuité dans la durée. L'homme vrai, recréé, peut retrouver son centre à tous moments.

En écriture maçonnique, G est un carré auquel manque une barre verticale. Le compagnon devait pour réaliser ce symbole utiliser l'équerre lui permettant de passer du plan horizontal au plan vertical, du monde d'en haut à la nature.

Le G fut inventé au 3e siècle avant J.C. ; 3e lettre des alphabets grec et hébraïque, il est le ton de sol en musique ancienne. Il est proche par sa forme d'une multitude de symboles, entre autres de l'idéogramme alchimique du sel, constitué d'un cercle partagé par une barre horizontale. Rattaché à Ghimel, Ghimel étant la 3e lettre de l'alphabet hébraïque, elle veut dire nature. « Dans le monde divin, Ghimel, nous dit le Dr Chauvet, correspond à la fois au père générateur et au fils verbe généré qui, dans les mondes créés, devient générateur à son tour, comme principe dans la nature naturante ».

Il est courant d'admettre en observant le G gamma grec que ce dernier à la forme précise d'une équerre et si l'on continue dans cette voie, quatre Gamma assemblés forment un swastika, symbole polaire qui selon Jean Chevalier indique les quatre positions de la Grande Ourse, rythme du jour et de la nuit. Le G apparaît ainsi comme un substitut de la Grande Ourse et donc, comme une figuration du Pôle céleste. Sa place au centre de ce qui illumine la loge semble alors fort appropriée.

En Franc-Maçonnerie, rien ne se fait par hasard, mais tout doit se chercher et pour cela il convient d'aller pousser les portes d'où nous venons. « Quand tu ne sais plus où tu vas, retournes-toi pour te rappeler d'où tu viens », nous dit un proverbe arabe ou chinois, je ne sais. Depuis la nuit des temps, la forme équerre a une portée symbolique essentielle : du Tau gnostique des équerres accolées à la croix égyptienne pour que la métamorphose aboutisse au G, il en aura fallu des coups de maillet pour façonner ce symbole particulier parce que trop évident. G et bien oui G, et non pas Grutatsograzyque : là l'hermétisme eut été total.

Plantagenet, dans *Causerie en chambre de Compagnons,* écrit : « La lettre G est la première lettre de GOD ». Cela éloignerait l'idée de la source ésotérique de ce symbole. G comme Graal, quête du franc-maçon... Devoir mais non obligation d'aller à la rencontre de ce que l'on ignore même chercher.

L'origine est porteuse du sens d'un symbole, mais si l'on perd sa trace, toutes les explications que l'on donnera seront hypothétiques et hasardeuses. Mais cela bien entendu n'enlèvera rien à la valeur de nos investigations intérieures. Les pistes les plus scabreuses pouvant être empruntées, il ne convient pas de spéculer sur telle ou telle, mais plutôt d'apporter sa vision personnelle. Nous ne connaissons ou ne croyons connaître a priori les choses que par ce que nous pouvons y mettre nous même ou émanent de nous même ; il n'est pas possible de tirer de l'eau d'une source asséchée, ou alors il faudra creuser plus profond afin d'accéder à la nappe phréatique et nous désaltérer. Il existe des déserts qui cachent en leur sous-sol des océans cachés. Ne sommes-nous pas ces déserts là et le G cet océan perdu ? Si nos générateurs au sens ancien ont laissé autant de mystères autour de ce symbole, nous pouvons prétendre que : soit la lettre G est une mutation graphique issue d'un autre symbole tombé dans l'oubli complet et cela serait assez incompréhensible, soit elle est effectivement si obscure que notre recherche doit être d'autant plus assidue. Peut-être est-elle l'imaginaire, le guide, la paix intérieure, l'esprit, la conscience globale ?

Descartes nous dit : « Je pensai qu'il fallait que je réfutasse comme absolument faux, tout ce en quoi je pourrais imaginer le moindre doute, afin de voir s'il ne me resterait point après cela quelque chose en ma créance qui fut entièrement indubitable. »

G, lettre du compagnon, compagne de nos actes, guide de nos réflexions. Notre Frère Boucher note « que cette lettre représente une énigme maçonnique, que sa graphie actuelle est d'origine récente ». Primitivement, le G avait la même valeur que le C ; ainsi en latin certains noms commencent indifféremment par C ou G : exemple Caius ou Gaius. Notons que dans l'ancienne mesure française G majuscule abréviation de Gros était égal à 1/8 e d'une once et g minuscule abréviation de Grain valait environ 0,053 gramme.

La lettre G représentée dans l'Étoile flamboyante n'apparaît dans les loges françaises qu'en 1737. A cette époque, on adjoignait à ce symbole de source hermétique : Gloire (pour Dieu), Grandeur (pour le Maître de la Loge), Géométrie (pour les Frères). IOD, initiale du nom divin hébraïque, l'y aurait précédé (d'après le Frère Bédarride). G comme… et c'est alors que s'égrainent les innombrables hypothèses qui tendent à expliquer cet énigmatique symbole. Le rituel moderne lui retient : Gravitation, Géométrie, Génération, Génie, Gnose.

Le symbole devant prioritairement nous amener à la réflexion, de l'ombre vers la lumière de la connaissance, arrêtons-nous sur ces 5 G : 5 comme les 5 branches de l'étoile qui accueille le G en son centre.

G comme gravitation : attraction de la matière par la matière

Isaac Newton en 1687, dans Principe de la philosophie naturelle, écrit de façon intuitive : « Tout se passe comme si les corps s'attiraient en raison directe de leurs masses, et en raison inverse du carré des distances qui séparent leurs centres ». Quelle puissance mystérieuse que cette gravitation qui rattache des atomes d'un corps les uns aux autres, tels les Frères composant un atelier, liés entre eux par une chaîne invisible !

Cette gravitation s'exerce tant au plan physique qu'au plan spirituel. C'est aussi la force de la Franc-Maçonnerie qui a su conserver, sans explications toutes prêtes, les mystères des symboles que les mots sont parfois insuffisants à expliquer.

Si cette Gravitation tend à nous unir et nous rapprocher les uns des autres cela suffit en soi. C'est cette Gravitation particulière qui fait que nous nous reconnaissons comme tels. Quelle secrète impulsion pousse un Frère à se dévoiler ou à suggérer à un profane de nous rejoindre ? Quel est ce curieux lien magnétique qui, spontanément après une initiation, fait d'un étranger un Frère ?

Ces influences intangibles et pourtant vécues, peuvent trouver leur origine dans le subconscient ou l'irrationnel ; à chacun d'essayer de trouver une explication, son explication. Cela doit être une conséquence nécessaire de la loi générale de l'attraction universelle : tous les corps s'attirent la force d'attraction étant directement proportionnelle à leurs masses et en raison inverse du carré de leur distance.

Kepler rattache grâce à sa loi fondamentale toutes les planètes entre elles. Outre sa force centrale de gravitation, il y a une autre force dont chaque Frère est animé, mais si elle agissait seule elle en perdrait son sens.

G comme géométrie : discipline mathématique ayant pour objet l'étude rigoureuse de l'espace et des formes

A l'origine dépendante de l'arithmétique, Thalès introduisit en Grèce la théorie des triangles semblables. Pythagore auquel nous accordons une part de paternité à notre art de penser, approfondit les propriétés des nombres, tout étant nombre, on pouvait lire au fronton de son école « Nul n'entre ici s'il ne sait la géométrie ». Aristote et bien d'autres développèrent cette science. Géométrie de la pensée, un homme dont la tête est bien (pardonnez ce barbarisme) « géo-maîtrisé » va réfléchir et ensuite agir justement. Comme l'a écrit je ne sais plus quel poète inspiré : « Le monde mental ment monumentalement ».

Il nous faudra donc beaucoup de travail afin que la géométrie de l'esprit prenne toute sa place. Il était nécessaire au maçons tailleurs de pierres d'effectuer des tracés géométriques selon les procédés et connaissances de leur temps. Il est probable que ces maçons opératifs du Moyen âge, peu lettrés, perpétuaient de manière clandestine d'anciennes pratiques. Il y a de la géométrie partout a écrit Leibniz. Elle permet d'élever des édifices et des idées et notre Temple n'échappe pas bien entendu à cette règle : l'espace y est infini puisque ouvert sur le cosmos : géométrie du cosmos créée, générée, ou auto-générée, marche des corps célestes, harmonie universelle.

C'est chez les neuf muses, comprenant la musique, la poésie, la peinture, l'histoire, la danse… que le « Hiérophante » étudie les proportions et suggère l'harmonie géométrique. Tout est nombre. Tous nos symboles ont des finalités opératives menant à la géométrie, de l'équerre au compas… Donc, en entrant dans nos temples, il ne serait pas faux de dire : « Ici tout est géométrie ».

G comme génération : fonction par laquelle les êtres organisés se reproduisent, tant au sens biologique qu'au sens épistémologique

Ce terme plein d'équivoques représente tout autant un lien de filiation successif qu'un ensemble d'individus ayant le même âge. Que de générations ont connu notre planète, que de relais et de flambeaux transmis depuis Adam et Eve (Je dis Adam et Eve, mais j'aurais tout aussi bien pu dire Gaston et Lucette) ! Chez les grecs, Demeter déesse de la terre et de la fécondation et en même temps du renouvellement à la vie, par le symbole du grain de blé qui meurt pour revivre en des épis nombreux, peut être vue aussi comme la marque d'une nouvelle génération. Cette terre d'où nous venons et où nous finirons est le berceau de toutes générations.

Et que dire des apprentis nouveaux-nés à la loge ayant pour objectif, bien sûr non avoué, de refaire la Franc-Maçonnerie, de régénérer et sans doute, sans qu'ils ne le soupçonnent, de renouveler ce que des générations de maçons avaient fait avant eux, en y apportant leur façon toute personnelle de tailler la pierre brute. Il me semble important de rappeler que la houppe dentelée qui court autour du tableau de loge au grade de compagnon symbolise la chaîne d'union de tous les Frères vivants sur la surface du globe ainsi que ceux passés à l'Orient éternel mais aussi de nos Frères des futures générations. « Qui dit Génération, comme le souligne Lao-Tseu, dit immortalité ; la capacité productrice de la nature est la mère mystérieuse, elle est la porte. C'est la racine de tout ce qui existe ; éternellement vivante, elle exerce sa faculté créatrice sans effort. »

G comme génie : aptitude naturelle à créer quelque chose de grand et d'original

Le compagnon tend par son travail à se diriger vers le mieux que possible, les tuteurs l'aidant à accéder à son mieux que possible sont les cinq sens lui donnant l'inspiration de son moi profond. Tailler la pierre brute en éternel apprenti pour édifier le temple, n'est-ce pas là la matérialisation d'une oeuvre géniale ? Nous ne garderons que la notion de bon génie, admettant une bonne foi pour toute qu'il n'y a dans nos ateliers nul Frère rusé et trompeur autant que puissant et employant son énergie à nous berner. La patience semble être une des évidences du génie; ce trait commun à tous les Frères transparaît à chacune de nos tenues et doit être laborieusement induit à nos apprentis.

« Le travail mène à la richesse; pauvre poète travaillons, la chenille en peinant sans cesse devient le riche papillon » a écrit Guillaume Apollinaire. Ce génie doit autant nous aider à construire notre vie tant au plan matériel qu'au plan de notre esprit, faisant appel tout autant à l'intuition qu'à la connaissance acquise dans nos temples. Il me semble évident que cette aptitude naturelle à créer ne serait rien sans le travail qu'elle doit susciter. « Elle avait l'don c'est vrai j'en conviens, l'avait l'génie, mais sans technique un don n'est rien qu'une sale manie »... chantait notre Georges.

G comme gnose ou plutôt gnose du G

Ce mot tant galvaudé, cet éclectisme théosophique prétendant concilier, mais non réconcilier, toutes les religions et les philosophies et essayer d'en expliquer le sens profond par le moyen d'une connaissance ésotérique et parfaite des choses divines, ce terme donc, me pose un problème. Il est de ces mots quasi indéfinissables, d'autant plus indéfinissables que transmis par initiation. C'est au cours de notre passage au second grade que cette connaissance, ou plutôt son approche, prend une part de son sens : elle se traduit par la présentation et donc l'éveil sur les arts, les sciences et le travail que l'on doit accomplir afin que nous prenions notre place dans l'édifice de la vie.

A la vision de l'Etoile flamboyante marquée en son centre du G, la première et spontanée image qui me vint à l'esprit lors de mon passage au second grade fut celle de l'élément vital, du coeur de notre atelier. J'y vis sa conscience globale, et c'est peut-être elle qui nous éclaire, nous faisant dire : « la loge souffre, la loge espère, la loge se souvient », comme si la personnalité globale consciente loge existait en plus des personnalités des Frères. En Franc-Maçonnerie, la Gnose ou connaissance ne doit pas être et n'est pas contemplative et figée : elle doit nous conduire à utiliser prioritairement l'esprit avant le passage à l'acte. Le franc-maçon à mon sens est avant tout manichéen mais non sectaire : il doit choisir entre le bien et le mal, la lumière et les ténèbres.

Les grecs voyaient le salut en la connaissance initiée. A l'origine, cette démarche philosophique essayait d'expliquer la vie et son sens, ce qui n'est pas loin de nos préoccupations. En Franc-Maçonnerie, la question est de savoir si cette transmission doit être du même type qu'un enseignement traditionnel, ou bien de laisser à chacun le soin de sa propre formation. Ce dernier postulat me laisse perplexe : l'empirisme oui, mais un empirisme suggéré. Il faudra sans doute aux Maîtres beaucoup de patience, leur aiguillage ne devant pas conduire les Apprentis et Compagnons vers une voie de garage.

En conclusion, si l'on peut conclure en Franc-Maçonnerie, la Lettre G demeure une énigme et c'est là toute l'originalité de ce symbole. Le G ne serait-il pas en définitive le franc-maçon lui-même et donc la quête de lui-même, et le pentagramme la loge. En toute sécurité et sérénité, le franc-maçon y travaille, se conformant aux lois qui s'y attachent, limitant ou tendant à limiter son activité instinctive, volontairement : il devient ainsi un rouage de l'universelle loge de l'humanité, pierre édifiée parmi les pierres qui se sont avant lui édifiées et celles qui s'édifieront dans la continuité infinie.

Les fenêtres

La définition d'un local sans fenêtres est une pièce noire. Vue de l'extérieur, la pièce noire est également supposée noire à l'intérieur. Le photographe développe ses clichés dans un tel environnement pour ne pas parasiter sa pellicule de la lumière du jour. En analyse, la boîte noire signifie que chacun ignore ce qui se passe à l'intérieur d'un lieu qui fonctionne cependant. Seul compte ce qui entre et ce qui en sort. Pour tenter de connaître l'efficacité de ce mécanisme, on ne peut juger que du résultat qui est seul évaluable. Chaque fois que l'on veut connaître ce qui se passe à l'intérieur, il faut ouvrir la boîte, la démonter. Il y a alors une effraction qui ne se déroulera pas sans problème. Or, tout ce qui se passe dans la boîte noire est caché, mystérieux, excitant. Mais tout ce qui est caché est aussi souvent suspect. Si le résultat est satisfaisant, on s'en contente le plus souvent.

Cependant, certains esprits, curieux ou plus introspectifs, dénoncent ce mystère et demandent à tout mettre au grand jour. Poussés dans leurs retranchements, les responsables de la boîte résistent. Mais ils doivent quelquefois céder. Les rouages sont mis à nus. Le plus souvent, la clarté rompt l'harmonie complexe qui les unissait et le mécanisme en est falsifié, appauvri, mutilé. La boîte noire ne fonctionnera plus. Elle sera devenue une mécanique banale, un peu bête et pauvre de sens au regard de ce qu'elle avait été.

Certains systèmes complexes fonctionnent comme cela. Ils ne peuvent s'accommoder de la pleine lumière qu'au risque de ne pas être compris ou de choquer celui qui n'a pas appris à lire les signes propres à une élucidation. Nos Loges maçonniques sont de cette catégorie. Elles ne pourraient s'accommoder de la lumière de l'extérieur au vu et au su de tout le monde.

Une réunion maçonnique publique rendrait la Loge grotesque, mal comprise, caricaturale. Le rite demande à être étudié, assimilé et restitué avec son sens plein. Il ne peut ainsi, du fait de l'importance des symboles qu'il met en jeu, être livré à tous sans un minimum de pré-requis. Ces derniers sont de l'ordre de l'initiation, c'est-à-dire de la possibilité de connaître les signes et de les interpréter.

La Loge est une boîte noire qui demande à être couverte pour être apte à fonctionner. Ses rouages internes, les Frères présents, sont tenus de montrer leur aptitude à comprendre les signes, c'est-à-dire d'attester de leur qualité d'initié par le tuilage et le contrôle qu'exercent les surveillants en vérifiant sur chaque colonne la rigueur de la position de chaque participant. La boîte est alors fermée, son verrouillage vérifié par le Frère Couvreur, et les travaux peuvent commencer à l'abri des regards curieux et non avertis.

Nul n'est autorisé à faire connaître ce qu'il en est en dehors des instants bien définis du fonctionnement de la machine. L'extérieur, c'est-à-dire le monde profane ne peut en juger du fonctionnement que par ce qui y pénètre et ce qui en sort, c'est-à-dire peu de choses visibles. Toutes les interprétations sont alors permises sans possibilité de vérification sinon la bonne foi des participants.

Le Temple est couvert, les portes fermées, et rien ne peut entrer ou sortir sans un certain nombre de précautions. Or, en me penchant sur le tapis de Loge, j'ai la grande surprise de voir apparaître des fenêtres. Celles-ci n'existent pas bien sûr dans les locaux matériels et, de plus, au grade d'apprenti, elles sont fermées par des grillages. Mais, se questionnent les Apprentis, à quoi sert donc une fenêtre si elle reste fermée ? C'est sans doute qu'elle doit s'ouvrir un jour, probablement aux grades supérieurs. Ils ont raison.

Les fenêtres, aux deux premiers grades, sont réparties à l'orient, au midi et à l'occident. Le questionnement ébauché à ce degré reste pertinent, en particulier pour leur conférer un rôle dans l'éclairage de l'Atelier. Le soleil naissant à l'orient éclaire d'une lumière progressive l'espace parfaitement défini. La pénombre ne permet pas de fonctionner correctement. La lumière de l'aube est belle, mais elle est souvent aussi illusion car les couleurs qu'elle développe sont éphémères et ne présagent pas souvent de la qualité de la journée qui s'annonce. Elle ne réchauffe pas encore la terre qui reste endormie jusqu'au chant du coq, l'animal du matin, le symbole de la vigilance que nous avons découvert dès le cabinet de réflexion.

L'homme de la Cité s'ébroue et va partir à ses activités. La lumière de la fenêtre d'orient est donc trop faible et ne marque que le signe de l'éveil. Progressivement l'astre va progresser dans sa course. Au zénith, à midi, à l'acmé de son éclairement, la lumière est propice aux travaux et ils peuvent commencer. La violence des rayons permet d'éclairer vivement les travaux. Le soir, à minuit, la pénombre s'est installée depuis longtemps et le labeur s'achève après que la lumière ait disparu par la fenêtre d'occident.

Au grade d'Apprenti, les ouvertures sont grillagées pour masquer les regards extérieurs, mais aussi pour ne pas distraire les Apprentis du spectacle du monde profane. Elles confirment l'importance du travail intérieur propre à ce grade. Les travaux restent cantonnés entre les murs de l'atelier et aucune influence extérieure ne doit être tolérée. Ce n'est que plus tard, lorsque les Frères auront décidé que l'Apprenti est apte à travailler en équipe, que l'extérieur ne sera plus considéré comme un parasite.

Au second grade, les fenêtres sont ouvertes. La confusion est complète. Les travaux exigent une fermeture totale et on ouvre les fenêtres. Billevesées ou élucubrations alzheimeriennes de symbolistes désorientés ? La question se pose d'autant que ces interprétations assez spécifiques à Plantagenet sont contestées par nombre d'exégètes. Vuillaume garde le même aspect aux ouvertures aux deux grades et Wirth ne les connaît qu'au second grade. Comme à l'accoutumée, il convient de se référer aux sources.

Dans la Bible, au premier *Livre des Rois* (6.4) la description du Temple reste imprécise à ce sujet : « Le roi fit à la maison des fenêtres à grilles fixes ». On en ignore le nombre et la situation. Alors que dire ? Il semble que les rituels les plus anciens signalent bien l'existence de fenêtres qui éclairent l'intérieur du Temple de la lumière solaire. Le problème essentiel ici est de savoir pourquoi elles sont ouvertes au grade de Compagnon et comment concilier la couverture symbolique avec cette ouverture sur l'extérieur ?

Pour répondre à la première question, il faut simplement se référer aux termes essentiels du grade, c'est à dire l'ouverture sur le monde, la nécessité du voyage, la recherche de l'autre et son interpellation au discours humaniste. Le Compagnon a le pouvoir de regarder la lumière crue du soleil, le luminaire de sa colonne, sans en être troublé. Le travail intérieur du premier grade, s'il doit se poursuivre est nécessairement enrichi de la réalité de l'autre. Il s'agit bien entendu d'une difficulté supplémentaire à vivre ses propres conceptions confrontées à celles, souvent opposées, d'autrui.

Souvenons-nous que la pierre brute, détachée de la carrière, est dégrossie par l'Apprenti sur le lieu même de l'extraction. Le travail sur la pierre taillée se fait hors de la carrière. Le Compagnon a le devoir de se rendre sur le chantier, d'installer son oeuvre à sa place sur l'édifice, sans mettre ce dernier en danger par une imperfection ou une disgrâce de forme. Il travaille alors au grand jour. La fenêtre ouverte est donc en pertinence avec la réalité symbolique de ce grade.

Cependant, la seconde question est bien entendu celle de la cohérence avec le secret des travaux. Comment se soustraire au monde profane pour travailler tout en restant en relation physique avec le monde ? Le symboliste nous entraîne ici sur des chemins tortueux desquels nous ne pourrons nous sortir qu'au travers d'un raisonnement symbolique pur.

Reprenons. Le Temple est couvert, toutes les issues sont fermées et nous nous retrouvons dans le secret de nos travaux : cela est un fait acquis. Cependant, en chambre de Compagnons, les fenêtres sont ouvertes et le soleil éclaire de sa lumière croissante et décroissante la colonne du midi. Les éclats de voix de l'extérieur et les bruits de la Cité nous parviennent sans coup férir et vont parasiter la sérénité de nos travaux.

De plus, un importun viendra immanquablement écouter ce qui se passe derrière cette fenêtre laissée ouverte au vu et au su de tout le monde. Il y a là plus qu'un paradoxe, un non-sens. Comment laisser des issues ouvertes et en même temps garder une confidentialité totale? Nous devons changer alors de niveau de compréhension. Il est clair que la matérialité de ces fenêtres n'existe pas. Elles sont une figuration symbolique d'une impossibilité. Cependant elles sont inscrites sur le tableau de Loge et semblent signifier quelque chose.

L'hypothèse la plus probable est celle d'une représentation symbolique pure. Les fenêtres restent virtuelles. Elles ne vont intervenir que pour signifier une idée. Celle de l'extériorisation, du voyage, de la recherche de l'autre dans sa quête de la Vérité. Le Temple n'avait que des fenêtres grillagées pour laisser entrer la lumière. Les ouvrir reste purement spéculatif. Elles signifient ce que le non initié ne peut appréhender. Les grillages ont disparu dans les coeurs et ouvrent le monde au Compagnon. Elles sont des ouvertures sélectives, à sens unique. Elles laissent entrer la lumière, suscitent chez le Compagnon le besoin de connaissance du Monde, mais en fait aussi cachent l'intérieur au non initié, à celui qui ne sait pas lire les signes.

Il n'est pas souhaitable qu'il voie. Non pas qu'il en soit indigne ou que le secret caché soit irrévélable et dangereux. Il défigurerait simplement ce qui est signifié. Il ne pourrait le comprendre et le trahirait. Toute démarche a ses étapes et il n'est pas bon de les transgresser. Les fenêtres sont donc ouvertes sur un monde réel, mais leur passage reste totalement virtuel. Leur présence symbolique est cependant riche d'enseignement car la simple vue de leur représentation ne cesse de nous rappeler notre mission.

Les sphères

Les sphères, placées au sommet des colonnes à l'entrée du temple, ont pris la place des grenades.

Les premières questions qui viennent à l'esprit :

– Que représentent-elles ?

– Que signifient-elles ?

– Pourquoi apparaissent-elles au grade de compagnon ?

Au grade d'apprenti, des grenades ornent le haut des deux colonnes, Jakin et Boaz, signe de l'abondance et de la générosité de cette terre nourricière où nous trouvons nos origines.

Au grade de compagnon, ce sont deux sphères, rondes comme la terre, comme le soleil, comme la lune, comme la voûte étoilée, et bien d'autres choses encore.

Alors que le Frère apprenti, en contact avec les quatre éléments, Terre, Air, Eau et Feu, travaille sur lui même, voire à l'intérieur de lui-même, le Frère compagnon va, avec ses sens, par un travail assidu, à la rencontre de l'Humanité en passant par les Arts et la Science.

Le compagnon devra non plus seulement regarder à l'intérieur de lui-même, mais autour de lui : au fur et à mesure de son voyage, le cercle s'agrandissant, il ira ainsi de degrés d'humanité en degrés d'humanité. Encore apprenti, avec le compas, dont les deux branches étaient maintenues sous l'équerre, il ne pouvait tracer que des cercles sur un plan ; désormais compagnon, la libération d'une des deux branches lui permet, par l'avancée dans ses connaissances de l'humanité et de la science, de donner une autre dimension au cercle, la troisième dimension, la sphère.

Mais pourquoi deux sphères ? On peut, me semble-t-il, nier que ce soit la représentation du soleil et de la lune prise en tant que telle, puisque ces deux astres figurent déjà de part et d'autre de l'Orient sur le tapis de loge.

On peut par contre penser, étant donnée la taille identique des deux sphères représentées sur l'une et l'autre colonne, qu'il s'agit des deux faces de notre planète afin d'avoir conscience de la face visible et de la face cachée des choses et des êtres, de soi-même.

On peut encore penser, malgré leur taille identique, que l'une représente la sphère terrestre qui serait celle des apprentis, et l'autre la sphère céleste, traçant une autre voie pour le compagnon.

C'est bien sûr cette représentation, qui est généralement mise en avant, la sphère terrestre étant la représentation des éléments matériels, la sphère céleste étant celle de l'esprit, de la pensée, et de la spiritualité à des degrés divers selon les croyances de chacun.

Pour rechercher la cohérence du symbole des sphères avec le grade de compagnon et les autres symboles du grade, il m'a semblé intéressant de suivre le chemin de certaines significations que l'on donne à la lettre G.

La première de ces significations étant Gravitation, la relation avec notre planète et le système solaire est logique.

Le deuxième sens de la lettre G est celui de la science de l'espace de la Géométrie. La gravitation des planètes autour du soleil forme une figure géométrique, l'orbite. Mais chaque orbite est propre à chaque planète et l'on peut dire que, comme les montagnes, les planètes ne se rencontrent jamais ce qui n'est pas le propre du compagnon qui doit aller à la rencontre des autres, de l'humanité. Pour cela, il devra aller d'orbite en orbite, toujours plus loin, étape après étape.

La troisième signification de la lettre G est Génération et ajoute à la notion d'espace de la géométrie la notion de temps, ce temps nécessaire à l'élaboration de toute oeuvre humaine.

Par ailleurs, il est intéressant de remarquer que si on relie les planètes dans le sens de leur rotation on obtient une spirale, proche de la configuration de la lettre G elle-même. Selon le sens de rotation, on retrouve toute la symbolique de l'évolution et de l'involution de l'univers, et comme tout ce qui est en haut est comme ce qui est en bas, l'extériorisation et l'intériorisation.

Mais, si l'on regarde l'ensemble des orbites de notre système planétaire, et contrairement à ce que j'ai dit plus haut, il en est une, la plus éloignée, celle de Pluton qui est complètement excentrée et dont un point de passage coupe l'orbite de Saturne comme pour marquer son origine à notre sphère céleste et dont l'autre point s'éloigne jusqu'à se perdre dans le cosmos, comme le passage dans un autre univers, préfigurant peut-être la voie du maître ?

Mais le compagnon devra se garder de se perdre et appliquer

son Génie, quatrième signification de la lettre G, dans le sens de sa définition, c'est-à-dire application pratique des connaissances et, tels les compagnons constructeurs de cathédrales qui ont su marquer par l'édifications de voûtes, l'existence de l'espace céleste et en même temps établir une limite à nos capacités individuelles et collectives de l'instant. Au passage, remarquons que Pluton est la sixième des planètes éloignées à partir de la terre.

L'autre sens de la spirale nous amène au centre du cercle, au centre de la sphère, au centre de tout, peut être au grand architecte de l'univers, à la cinquième signification de la lettre G, la Gnose.

Cette planche a pris un chemin tracé avec des mots, alors que le symbole et celui des sphères est peut être, plus que tout autre, d'une nature indéfinissable, ce qui lui donne sa vie. Et comme l'a définit Carl Gustave Jung :

« Le symbole n'insère rien, il n'explique pas, il renvoie au-delà de lui-même, vers un sens encore dans l'au-delà, insaisissable, obscurément pressenti, que nul mot de la langue que nous parlons ne pourrait exprimer de façon satisfaisante. »

Le levier ou Archimède était-il franc-maçon ?

Introduction

Le levier est un outil qui facilite le travail de l'homme et peut le libérer de certaines contraintes. Il est également un symbole maçonnique où il traduit un effet amplificateur. C'est donc un outil symbolique qui peut être compris et utilisé à plusieurs niveaux. Ceux-ci sont le plus souvent dépendants de la connaissance plus ou moins approfondie de l'outil lui-même. Si l'on va des choses matérielles vers les choses de l'esprit, de l'opératif vers le spéculatif, utiliser le symbole du levier paraît de plus en plus complexe et oblige ainsi à être de moins en moins cartésien.

Symbolique maçonnique traditionnelle

Le levier représente certes la force, mais il n'en a pas par lui-même, il doit être associé à une intelligence permettant de mettre en oeuvre les éléments capables de le mouvoir. Il devient alors un symbole ternaire dont les trois éléments sont :

1. Le point d'impact ou point de résistance.
2. Le point d'appui.
3. Le point de pression, là où s'exerce la puissance déployée.

Berteaux nous dit que le compagnon est invité à méditer sur la puissance de l'idée capable de se muer en action. En effet, le levier fait partie des outils maçonniques. Il est attribué au grade de compagnon lors du troisième voyage au rite écossais comme au rite français. Le troisième voyage est celui de la science : ce n'est pas par hasard, car il en faut beaucoup pour comprendre et maîtriser sa puissance. D'autre part, le levier est associé, toujours à ces deux mêmes rites, à la règle : ce n'est pas par hasard non plus, car il faut beaucoup de droiture pour ne pas abuser de sa puissance. Ainsi, Jules Boucher écrit : « Le levier devient alors force féconde… et dangereuse et c'est pourquoi elle ne doit s'exprimer que contrôlée par la règle, le niveau et la perpendiculaire ». Notons, bien sûr au passage, que ces deux derniers outils sont les attributs des premier et deuxième Surveillants.

Ces diverses considérations me suggèrent ainsi l'utilisation du symbole du levier selon trois axes :

1. De l'utilisation matérielle du levier
2. Du passage de l'idée à l'action
3. De la philosophie à l'action.

De l'utilisation matérielle du levier

Sur le plan physique et de façon élémentaire, on trouve trois types de levier :

– 1er type : l'axe au point d'appui entre la force motrice et la force résistante, comme par exemple la balance romaine.

– 2e type : la force résistante entre l'axe au point d'appui et la force motrice, c'est l'exemple du casse-noix.

– 3e type : la force motrice entre la force résistance et l'axe au point d'appui, à ne prendre qu'avec des pincettes.

Je ferai ici une parenthèse sur le premier type : on comprend bien ici que la balance (pas la romaine) symbole d'égalité, ou pour le moins mesure d'un déséquilibre, est un cas particulier du levier dont les bras d'égale longueur de part et d'autre du point d'appui donnent un équilibre à la balance quand la force résistante est égale à la force motrice. Ce rapport particulier nous conduit au symbolisme particulier de la balance et dont nous ne parlerons pas ici, mais la remarque me paraissait intéressante pour signaler qu'un rapport de force inégal n'est pas forcément négatif et qu'il faut prendre l'équilibre de la balance de la justice dans un sens d'équité et non d'égalité des forces.

Pour bien apprécier la formidable puissance du levier, et en reprenant le premier type de levier, celui de la balance romaine, un levier en position de rapport de 1 à 10 de part et d'autre du point d'appui permet de soulever un poids 10 fois plus lourd. On peut ainsi augmenter encore le rapport du bras de levier et, plus intelligemment, combiner les effets de levier, comme pour le palan ou pour la bicyclette.

Du passage de l'idée à l'action

Le symbole du levier me sera donc utile chaque fois que mes capacités seront insuffisantes pour traduire une idée en action, en résultat positif. Dans notre quotidien, nous utilisons des éléments amplificateurs de la même façon que Monsieur Jourdain faisait de la prose. Voici deux exemples simples.

La roue, construite par un compagnon menuisier, pourra résister à l'accomplissement de x kilomètres. Avec sa propre connaissance, pour aller plus loin, il lui faudra reconstruire une roue. Mais si notre compagnon associe sa connaissance à celle du compagnon forgeron, le cerclage de la roue permettra de faire énormément plus que l'addition de la puissance déployée par les deux compagnons.

Si je veux faire passer un message à grande diffusion, je peux le transmettre de façon individuelle et répéter encore et encore. Je peux aujourd'hui utiliser la télévision : il est certain que dans l'appréciation du résultat obtenu en terme de Quantité/Temps, l'outil télévision aura été un levier très puissant.

Le plus souvent l'outil amplificateur est déjà le fruit de connaissances cumulées. A l'analyse de ces exemples, je crois que ce qu'il est important de voir dans le levier, dès lors que l'on sort des pures lois de la physique, c'est qu'il y a effet amplificateur quand les hommes s'unissent et quand ils utilisent les outils adaptés. Mais ces outils sont eux-mêmes le fruit de la créativité mise en commun des hommes : il y a alors progression exponentielle.

De la philosophie à l'action

Dans l'article premier de sa Constitution, le Grand Orient de France se définit un objectif; c'est là qu'il va trouver son point de résistance : « amélioration matérielle et morale, perfectionnement intellectuel et social de l'humanité ». Il définit aussi la force motrice, qui est le travail de ses membres : « à la recherche de la vérité, à l'étude de la morale et à la pratique de la solidarité ». Il définit ses points d'appui qui sont ses principes : « la tolérance mutuelle, le respect des autres et de soi-même, la liberté absolue de conscience ». Il définit enfin l'élément passif, le bras de levier, qui ne devient actif que par la volonté de ses membres : c'est la structure, l'institution même qui se définit comme essentiellement philosophique.

La Franc-Maçonnerie a utilisé le levier et ses éléments constitutifs pour traduire en actions à mener, sa philosophie ; utilisation très vraisemblablement de façon inconsciente. En effet, on se rend compte très clairement en se référant au symbole du levier que l'article premier eut été plus cohérent si l'amélioration de l'humanité était définie comme l'objet ou l'objectif vers lequel tendre, puis de dire ce sur quoi elle travaille pour réaliser cet objectif, et le dire dans cet ordre là. Le symbole du levier nous appelle à faire l'inventaire des données, apprécier leur pertinence et mesurer leur cohérence relative, il nous aide donc à réfléchir à ce que nous sommes, à anticiper notre avenir et à définir comment y aller. De plus, l'évaluation relative dans un environnement changeant nécessite la permanence des remises en cause. Je n'irai pas plus loin dans ces réflexions car la complexité de l'outil incite à la modestie et aussi parce que chacun, en utilisant le symbole du levier, le fera d'une façon qui lui sera propre.

Le revers du levier

J'ai parlé tout au long de cette planche de la puissance positive du levier. Mais, pour exemple - et ils sont nombreux - notons qu'il y a à peine plus de 60 ans, en ayant pour bras de levier un nationalisme chauvin et un besoin de revanche, Hitler a su prendre appui sur le développement du chômage et sur la crise économique de 1929. Ces deux ingrédients sont de retour actuellement, alors que nous commémorons le cinquantenaire de la libération des camps… Ainsi le levier peut être également une arme redoutable.

Conclusion

Si le levier ne peut pas être entre les mains inexpérimentées de l'apprenti, le compagnon devra l'utiliser avec la règle, mais le maître devra en exercer le contrôle. Si en physique on soulève une charge, une institution philosophique, par l'initiation et par l'exemple, se doit d'élever. Voici la preuve qu'Archimède n'était pas franc-maçon, car il aurait pu dire alors : « Donnez-moi un point d'appui et avec vous mes Frères, j'élèverai le monde » (ce qui n'engage que l'auteur de ce travail).

La truelle

Savez vous manier la truelle ? Il s'agit d'un instrument très pratique composé d'un manche relié à une lame, de forme triangulaire ou trapézoïdale, destinée à prendre le plâtre ou le ciment et à le déposer à l'endroit désiré. C'est l'outil de construction utilisé par le plâtrier ou le maçon, ces deux professions étant le plus souvent confondues, au moins dans le Nord de l'Europe.

Une fois l'ouvrage terminé, la truelle sert a ôter les résidus de la matière employée et à lisser le travail, à l'achever et le rendre beau. Elle est dite a bâtir, pointue à nettoyer les outils et les angles de murs, grosse truelle à dégrossir le mortier, fine pour polir. Il s'agit donc d'un instrument très polyvalent utilisé dans des temps multiples du travail.

On retrouve sa place dans les littératures les plus différentes, mais en particulier dans la Bible. Elle est alors considérée comme l'instrument principal des bâtisseurs. « Je ne me servirai plus à l'avenir de la truelle parmi mon peuple d'Israël, et je n'en crépirai plus les murailles » *(Amos, VII)* ou lors de la reconstruction du Temple par Zorobabel : « Ceux qui bâtissaient la muraille tenaient la truelle d'une main et leur épée de l'autre » *(Nehemias IV,17)* signifiant que les bâtisseurs étaient également des guerriers.

On trouve chez Bonnet dans les palingénésies l'évocation suivante : « Si le philosophe est quelquefois représenté armé d'une faulx, il doit au moins porter dans l'autre main une truelle ».

Selon Bayard, « en 1512 existait à Florence, une compagnie de la Truelle composée de personnages marquants dont les symboles étaient la truelle, le marteau et l'équerre ».

Il signale par ailleurs qu'au Moyen Age, le créateur était souvent représenté la truelle à la main en signe de travail achevé. Ainsi. la continuité dans l'évocation nous entraîne tout naturellement vers l'analyse symbolique de cet outil à rattacher universellement au travail.

Cependant certains auteurs, à l'image d'Ambelain, ont interprété son étymologie comme issue du latin « truella ou trulla », qui désigne aussi une sorte de poche qui permet de verser le vin aux convives. Son rapprochement avec le symbolisme du vin doit également être abordé.

Nous savons à présent que, quelle que soit la source, la truelle est l'instrument symbolisant le travail. La trouver dans les mains du philosophe signifie qu'elle englobe à la fois le travail manuel et le travail intellectuel, donc le concept travail reconnu comme tel, opératif et spéculatif. Ainsi, et à l'image de tous les outils, Boileau nous confirme que, au-delà de l'instrument lui-même, il faut envisager le « projet constructif », c'est-à-dire la dimension supplémentaire accordée à l'objet qui lui confère le complément initiatique.

En effet, pour Login, « les historiens sont tous d'accord pour dire que les outils ont trouvé leur sens symbolique avec les maçons acceptés puis les spéculatifs ».

Envisageons tout d'abord la symbolique de la forme de l'instrument qui est le plus souvent triangulaire, mais aussi trapézoïdale, soit en forme de « langue de chat », particulièrement en maçonnerie opérative. Cette lame brillante doit évoquer le triangle mais surtout le delta lumineux. Certains sont allés plus loin en voyant dans la forme particulière de son profil, l'évocation de la foudre par la ligne brisée caractéristique de l'éclair.

Cependant, c'est à la symbolique de son usage qu'il faut attacher la plus grande importance. L'outil a la double fonction de déposer le mortier entre les pierres afin de les unir et rendre l'édifice solide, mais aussi de lisser les surfaces et terminer le travail. Pour Gloton, son interprétation « fait donc appel à la double signification de liaison, d'union et de perfection ».

Avec Ligou, « c'est le symbole de l'amour fraternel qui unit tous les maçons, qui est le ciment essentiel utilisé pour l'édification du Temple idéal. Elle est l'emblème des qualités essentielles du véritable Maçon que sont la fraternité universelle, la tolérance et la bienveillance éclairée ».

Il ajoute que « pour le néophyte, elle apporte un double enseignement, la nécessité de lier, d'unir et la nécessité de la qualité, de la perfection du travail ». Il insiste sur la nécessité de la qualité, de cohésion de l'ensemble. La truelle permet de parfaire l'ouvrage, mais en des mains malhonnêtes, elle permet de cacher les défauts. La perfection n'étant pas de ce monde, le Maçon s'attachera à le faire progresser sans lui masquer sa réalité imparfaite.

Pour Boucher, cet outil est caractéristique du second degré du Rite français. Symbole de l'unification, de la fusion, de la réunion, « c'est donc essentiellement le symbole des sentiments de bienveillance éclairée, de fraternité universelle et de très large tolérance qui distinguent le véritable Macon ».

Enfin pour Plantagenet, « c'est le symbole de l'amour fraternel qui doit unir tous les Maçons et qui est le seul ciment que les ouvriers peuvent employer pour l'édification du Temple ».

Les hermétistes ont toujours le mérite d'éclairer d'une lumière particulière nos réalités matérielles. Ambelain nous apprend que, selon la Kabbale, la truelle dans la main droite symbolise « construction et miséricorde », et rappelle la Séphirah Hochmah signifiant miséricorde. L'épée en main gauche signifie destruction selon la Séphirah Geburah évoquant la rigueur.

« Ainsi donc, la truelle dans la main du Maçon est une des plus hautes images de sa doctrine : unité dans la perfectibilité, amour, pardon, oubli des choses vaines, transcendance de l'esprit sur la matière ».

Il fait également un rapprochement avec la forme triangulaire de l'outil le rapprochant du delta lumineux. Il est ainsi image de l'illumination, c'est à dire au sens littéral, qui a reçu la lumière, correspondant à l'ivresse de la connaissance. Ce dernier terme peut être rapproché de l'évocation que nous avons faite du symbolisme du vin. En fait, elle synthétise l'intelligence et la sagesse. C'est le symbole de la chrysopée alchimique, c'est à dire l'art de transmuter en particulier, ici, la haine en amour.

Pour Wirth, à l'instar de la Bible, le glaive qui est tenu à gauche est une arme défensive, tandis que la truelle est tenue à droite, côté actif, constructif. Leurs actions sont diamétralement opposées. L'une tranche, sépare, divise, tandis que l'autre réunit, fusionne, unifie.

Sur le plan mystique, elle correspond à « l'idéogramme alchimique du soufre figurant l'accomplissement du grand oeuvre ». Rappelons que le soufre est le symbole du « feu constructeur » et qu'il se trouve ainsi rattaché à notre point de départ symbolique.

Cette étude conduit à l'examen de la place qui lui est faite dans les rituels. Ambelain la fait figurer sur l'autel du Vénérable comme instrument de celui-ci. Elle signifie, comme lui, « perfection et unification ». Elle procède de tous et rassemble les pierres taillées en les unissant grâce à un ciment indestructible.

Elle apparaît spécifiquement au cinquième voyage de l'initiation au deuxième grade car « on peut considérer le travail comme étant complètement achevé ». En effet, elle conclut l'initiation au grade de Compagnon, celui du travail de construction pour tous, de l'élévation du mur fait de pierres polies. Il ne pourrait être créé d'inégalités ou de défauts dans l'achèvement de la tâche à ce niveau.

La conclusion de toute chose est toujours le résumé, la contraction d'une pensée plus générale. La truelle est placée à cet instant précis afin de rappeler à chacun que bâtir est lier, unir, polir afin de rendre le résultat du travail fort, sage et beau.

Par ailleurs, il existe une expression peu usitée aujourd'hui selon laquelle « passer la truelle » signifie, en langage maçonnique, le pardon et l'oubli. Certains ont voulu rapprocher cette notion du symbolisme du vin, l'ivresse permettant d'oublier. Mais ne s'agit-il pas là d'un rapprochement hâtif : l'oubli, dans ces dispositions, n'étant que très temporaire et soumis à des lendemains peu enchanteurs ?

Enfin, dans les banquets maçonniques, elle est la cuillère qui permet de servir les Frères, de recueillir les aliments, de manger. L'image est certainement toute formelle à ce niveau et placée là par l'assimilation qui est faite des outils aux instruments de la table. Il serait vraisemblablement hasardeux d'aller plus loin sans une étude plus approfondie.

Ainsi, l'objet philosophique symbolisé est incontestablement le travail. Son apologie portée au paroxysme, survenant à la fin des cinq voyages initiatiques du grade de Compagnon dédié au labeur, conduit à le glorifier.

Reprenons Plantagenet : « Mon Frère, la truelle que vous teniez à la main pendant ce dernier voyage, est l'outil par lequel l'oeuvre du constructeur s'achève et devient parfaite. Elle symbolise la glorification du travail. » Par travail, l'auteur entend ici sa dimension philosophique.

Il convient de comprendre, comme nous l'indique Wirth, le sens « de vivre pour agir », c'est-à-dire de travailler au Grand Œuvre : utilisons la « force créatrice » qui confère l'immortalité. Les textes nous apprennent que la vie n'est rien en elle-même. Nous ne sommes pas destinés, en tant qu'initiés, à vivre pour vivre. La tâche consistant à creuser en soi-même afin de se découvrir est la pierre de touche de notre but profond. Il s'agit là, bien entendu, d'un travail libre, contrastant avec le travail, ou les travaux, forcés que nous connaissons tous.

Gloton pense que cette glorification s'oppose à la signification punitive accordée par la religion. « C'est le couronnement de l'initiation : inviter au travail est la seule façon d'atteindre au progrès, à la perfection ».

Boileau le reprend en questionnant : « Pourquoi a-t-on parlé du travail à ceux qui, instruits par la dureté de la vie quotidienne. paraissent en savoir plus long que le rituel ? Dans le monde profane. le travail est senti comme une attristante servitude,... en initiatique, on le désigne par la peine qui travaille l'homme pour sa libération ».

Il existe donc une nuance sémantique traduisant une différence fondamentale de signification. Il existe, certes, mille manières de pratiquer une tâche, et l'on nous apprend ici à utiliser cet instant pour nous élever mentalement. Le travail du compagnon entre dans la construction pratique des choses.

Il faut donc tenter de dépasser l'aspect purement matériel du quotidien, routinier, automatique pour arriver à l'essence de celui-ci. L'homme n'existe qu'à travers cela. L'image qu'il laisse derrière lui n'est pas celle de sa propre personnalité, mais celle du travail qu'il a effectué. C'est en cela qu'il survit et devient éternel

En élargissant, il est facile de voir que, sans travaux réels, la Loge ne vit plus et disparaît, ou pire, devient un cercle où l'on parade et où l'on fait des affaires. Cette déviance explique certaines situations malsaines dans lesquelles la Franc-Maçonnerie, et ses membres, est toute entière accusée et condamnée. Le jeu est facile à ses détracteurs de faire émerger à nouveau les vieilles haines de l'antimaçonnisme, primaire ou non.

Le travail est donc construction. Il est dynamisme et recherche du vrai. Sans lui, il n'est pas de vie authentique et de l'oisiveté manuelle et intellectuelle naîtra bientôt la rancoeur et l'exclusive.

Empoignons donc la truelle que l'on nous a donnée au cinquième voyage et ne la lâchons jamais car elle reste l'instrument du bâtisseur, de notre destin, de notre éternité.

La règle

Il n'est guère une journée sans que chacun n'emploie le mot « règle » au sens propre ou figuré, voire symbolique : « Passe-moi ta règle ! »; « Fais une règle de trois ! »; « Etudions la règle ! » La règle désigne couramment un objet aux fonctions déterminées, mais le terme est polysémique et recèle une certaine ambiguïté symbolique.

La règle comme outil

Instrument indispensable tant au petit écolier qu'à l'architecte, la règle, formée d'une planchette, sert, avant tout, à guider le crayon pour tracer un trait, pour matérialiser la ligne droite. Dans le monde opératif de la maçonnerie les règles mesurent un à deux mètres. L'appareilleur, maître maçon chargé de surveiller la taille et la pose des pierres, de vérifier le parement des pierres et les assises des murs, utilise, lui, des règles de quatre à cinq mètres. D'autre part, la règle permet de lisser une surface et d'en vérifier la planéité.

A côté de la règle lisse que l'on vient de décrire, existe la règle graduée qui sert à mesurer une longueur selon un système prédéfini tel le système métrique. La règle est aussi un instrument de mesure par sa propre longueur. Dans le Compagnonnage, la règle avait comme dimension celle d'une coudée. Des trois coudées connues, il semble que la plus adoptée soit la coudée sacrée, nommée encore coudée pyramidale, coudée hachémique dans le monde arabe (de hakim : maître ; en arabe : la coudée des maîtres). Cette coudée pyramidale servit à la construction de la grande pyramide et à celle du temple de Salomon.

Elle se divisait en deux parties valant chacune un pied royal de douze pouces chacun, soit vingt-quatre pouces en tout. Cette coudée pyramidale mesure 0,635 m et se rapproche curieusement de la section dorée, du mètre « 0,618 » par l'effet des instruments approximatifs de l'époque et cela supposerait la connaissance de cette dernière par les architectes et les prêtres de l'Egypte ancienne.

La règle au figuré

L'imaginaire des indo-européens a été fortement sollicité par la droiture de cet outil, par sa capacité à tracer des plans et à établir des proportions. D'après les linguistes la racine « reg » exprime le mouvement en droite ligne ; le sanscrit « rjük » signifie « droit » et « roi » ; le grec « o-rego » veut dire étendre et « orguïa » la longueur des bras étendus ; le latin « regio » indique une direction en ligne droite, « regula » la règle et l'étalon, « regis » et « rex » un roi, un suzerain, un monarque. En français la racine « reg » ne produisit pas moins de 23 rameaux tels que : roi, diriger, règlement, rigueur, dresser, région…

Le seul mot « règle » est d'une grande richesse de sens. Dans son dictionnaire, Furetière donne, en 1690, cinq axes d'interprétations qui sont repris trois siècles plus tard dans le *Dictionnaire Robert.* Parmi eux, on retrouve toujours la notion de prescription de ligne de conduite concrète ou abstraite que s'impose un individu ou une société pour agir ou pour résoudre un problème.

Il faut différencier le règlement - codification de plusieurs règles permettant le bon fonctionnement d'une société - de la constitution – ensemble de règles ayant force de loi auprès d'une collectivité – de la règle elle-même, qui, pour être suivie, s'appuie sur règlement et constitution.

Cependant, dans le monde du compagnonnage, on parle indifféremment de règle et de règlement : règle à l'Association ouvrière et aux Compagnons du Devoir, règlement à la Fédération et à l'Union Compagnonnique. Il s'agit en fait des devoirs que tout sociétaire doit respecter vis-à-vis de la Mère, de la communauté de compagnonnage et de son employeur. Cependant, chez les Compagnons du Devoir, il existe une grande règle plus symbolique et plus spécifique à l'initiation du Compagnon. Celui qui veut la consulter doit demander une autorisation.

Par ailleurs, dans les ordres religieux (St-Augustin, St-Benoit, St-Dominique, Ste-Thérèse d'Avila...), la règle correspond aux préceptes disciplinaires auxquels sont soumis les membres de la communauté. Elle fait de ceux-ci des réguliers et les différencie du clergé dit séculier qui, lui, vit en dehors de la règle. Dans ce sens la règle est l'instrument de construction du moi spirituel, l'outil du vécu quotidien permettant de transcender l'existence temporelle afin de se rapprocher de Dieu. La voie directrice, elle, est tracée par les textes sacrés qui sont, eux, la Règle fondamentale. Ainsi un croyant peut-il quitter la règle - ou plutôt le règlement- de St-Benoit tout en respectant la règle de la Bible.

Règle et roi, nous l'avons constaté, ont une étymologie commune. Il n'est donc pas surprenant que la Maçonnerie soit appelée Royale, non pas en tant que puissance souveraine, mais en tant que communauté pratiquant l'art de manier la règle. Ainsi l'Art Royal est l'art du Franc-Maçon qui doit suivre les principes qu'il a volontairement acceptés et sur le fond et sur les modalités d'application (la Constitution et le Règlement Général pour les membres du Grand Orient de France).

Aussi le Franc-Maçon peut-il espérer se comporter en toutes circonstances en homme et citoyen rigoureux et droit comme une règle et,... peut-être, comme l'écrit Gilbert Alban « se transformer en roi, c'est-à-dire en gouverneur de soi-même, gouverneur ni vassal, ni despote, mais libre en pensée, égal en tempérament et fraternel en amitié ». Nous rejoignons Aristote qui, dans son Ethique à Nicomaque, montre comment la recherche de l'excellence met en jeu un rapport à la règle qui s'exprime, en chaque vertu, comme recherche de la juste moyenne entre deux extrêmes, recherche dans laquelle se manifeste notre liberté.

Cette étude lexicale nous a subrepticement introduit dans le symbolisme de la règle.

La règle comme symbole

Une tradition maçonnique venant d'Angleterre veut que la règle du Franc-Maçon soit divisée en 24 subdivisions - règle de 24 pouces - (telle la coudée pyramidale !) correspondant aux 24 heures de la journée qui doivent être convenablement employées. La première trace du mot règle avec graduation est découverte en 1760 dans le Catéchisme de l'Enter'd Apprentice :

« - Le Maître : A quoi sert cet outil ?

- Réponse : Il mesure mon travail, il représente les 24 heures du jour : 6 heures pour travailler, 6 heures pour servir Dieu, et 6 heures pour servir un ami ou un frère de toutes mes forces sans préjudice pour moi-même ou ma famille. »

Ce thème est repris de même dans le rite Emulation : « divisée en 24 parties égales, elle nous rappelle les 24 heures du jour dont une partie est réservée à la méditation et à l'étude, d'autres au travail, au délassement et au sommeil mais toutes au service de l'humanité ». Christian Guigue pousse plus loin l'exégèse en voyant dans les 24 divisions la globalité du temps d'une vie : la première graduation indique l'axe de la destinée, les suivantes interviennent comme autant de possibilités de modifications ou de renforcements dans la détermination de la première, la dernière marque la fin de cette vie, c'est le point du jugement.

Ainsi le nombre 24 que l'on retrouve sur le tympan de l'abbatiale de Moissac, figuré par les 24 vieillards de l'Apocalypse, évoque le Jugement et la fin des temps (plus près de nous les 24 vieillards se remarquent sur le tympan de l'église de Bourg-Argental). Une boucle est créée par l'association des 24 divisions de la règle au cycle quotidien du soleil autour de la terre : celui qui maîtrise la règle des 24 pouces possède la clé de l'harmonie universelle en percevant la nécessité du mécanisme cyclique de la nature. Notons aussi qu'au Rite Ecossais on parle de règle de 24 pouces sans autre précision tandis que certains rituels français, selon Ligou, ne parlent que de règle graduée.

Sur le plan symbolique, la règle est constamment présente aux trois grades. Le nouvel initié la découvre brodée sur le sautoir du Grand Expert avec l'oeil et l'épée, du moins dans les Loges françaises. Les trois symboles associés évoquent la vigilance de cet officier, garant de l'exécution du rituel et sa force, dans le respect de la Maçonnerie. Mais c'est au grade de Compagnon que le symbolisme de la règle prend toute son importance et, à ce titre, il figure sur son Tableau de Loge. En tant qu'outil la règle intervient dans les cinq voyages. Au Rite Ecossais Ancien Accepté, elle fait partie des deuxième (associée au compas), troisième (associée au levier) et quatrième voyages (associée à l'équerre). Au Rite Français, elle n'intervient qu'au troisième voyage associée au levier, au Droit Humain au troisième voyage aussi, mais associée au niveau.

Le concept de règle peut être abordé maintenant dans ses deux interprétations : l'ambiguïté existe dans le terme qui désigne tantôt l'outil, tantôt sa finalité et il paraît important de lever cette ambiguïté. Or la définition de Gédalge « règle, symbole de la rectitude, de la méthode, de la Loi » reflète bien la confusion. La règle-outil exprime la rectitude, la méthode que le Franc-Maçon doit observer, et même son devoir. Mais par rapport à quoi ? Là intervient la notion de règle comme recherche de la Lumière qui éclaire le Franc-Maçon.

« La règle qui trace les lignes droites susceptibles d'être prolongées à l'infini est l'emblème du droit inflexible de la Loi Morale dans ce qu'elle a d'immuable et de rigoureux « trouve-t-on dans les instructions du Grand Orient de France de 1948. Mais de quelle loi morale est-il question ? Sur le plateau du Vénérable Maître où se trouvent les trois grandes Lumières de la Maçonnerie : l'équerre, le compas, le livre ou la règle, suivant les rites, les obédiences ou les loges, le livre représentant la Loi Morale varie, il s'agit de :

– la Bible, volume de la Loi sacrée des Rites Ecossais et Anglais ouverte soit au 1er chapitre de l'Evangile selon St Jean, soit aux Chroniques (2,5), soit aux Rois (6,7), soit au Prologue de l'Apocalypse,

– le Livre de la Loi Maçonnique au Rite Français Moderne composé des Constitutions et du Règlement général du Grand Orient de France auxquels, selon Gilbert Alban, peuvent s'adjoindre les Obligations andersonniennes,

– le Livre aux pages blanches que l'Ange présente à Micromégas : Lumière neutre adoptée par certaines Loges,

– la Grande Loge de France autorise, outre la Bible, les Védas de l'Hindouisme, le Tripitaka du Bouddhisme, le Coran des musulmans, le Tao-te-king des taoïstes, les Quatre Livres de la doctrine de Koung Fou Tseu et le Zend Avesta du Zoroatrisme.

Chacun de ces textes est une oeuvre de haute morale, de grande sagesse et de pure spiritualité. Il est donc fort concevable que tel ou tel rite demande que le serment soit porté sur tel ou tel texte. Mais il est surprenant que l'on trouve associés deux objets symboliques purs : équerre et compas, toujours trouvés quels que soient le Rite, l'Obédience et la Loge, à une série de documents en fait assez disparates. Il en serait bien différemment si la Loi Maçonnique était représentée par la Règle, au moins dans le sens de la pensée symbolique. Seule La Règle peut satisfaire l'ensemble des sensibilités maçonniques, respecter les idées laïques et les visages de l'athéisme.

Ainsi peut-on envisager, au Rite Français, - tout en respectant le rituel qui précise que le Livre de la Loi Maçonnique doit être présent sur le large plateau rectangulaire du Vénérable Maître, sur les tables de l'Orateur et du Secrétaire - en plus, la présence de la règle, sous l'équerre et le compas.

Le fascicule qui contient en fait la Règle du Franc-Maçon du Grand Orient de France, à savoir la Constitution, et le Règlement propre à l'obédience qui n'entre pas en réalité dans la Loi Maçonnique, est bien présent à l'Orient mais la présentation de « l'outil règle » élargirait la Loi Maçonnique, au moins pour les Francs-Maçons du Grand Orient de France. En effet l'outil symbolique ne fixe pas, contrairement à l'écrit, l'aboutissement de la Loi mais il la représente dans sa capacité à évoluer. En effet notre loi évolue, lentement, certes, après de longues réflexions, mais elle évolue. On rappellera, par exemple, la proposition d'introduction du mot laïcité dans l'article premier de la Constitution du Grand Orient de France. Cette Loi dynamique est notre protection contre tout dogmatisme.

Rappelons, dans un autre contexte, les paroles de Jésus le nazaréen qui invectivait les scribes et les pharisiens en ces termes : « A vous légistes, malheur, parce que vous chargez les hommes de fardeaux insupportables alors que vous-mêmes ne touchez pas à ces fardeaux d'un seul de vos doigts ». (Luc 11,46), et Matthieu d'expliquer : « Ils comprirent qu'il n'avait pas dit de se méfier du levain des pains, mais de la doctrine des Pharisiens et des Sadducéens. » (Matt16,6,12).

Or la Règle, la Loi Maçonnique, loin d'être sclérosée et contraignante, reste, par la force du symbole, vivante, humaine et stimulante.

L'équerre et le compas

Le compas et l'équerre peuvent difficilement être dissociés l'un de l'autre tant ils sont inscrits dans l'imagerie populaire comme le symbole avéré de la Franc-Maçonnerie mais aussi du Compagnonnage, ce qui ne manque pas d'ailleurs de créer quelques confusions. Aussi nous allons ici tenter une démarche symbolique associative dans ce qui la spécifie au grade de Compagnon.

Sur le tapis de Loge au grade de Compagnon, ces deux outils sont représentés entrelacés. Une des branches du compas vient en effet passer au-dessus de l'une des branches de l'équerre. Souvent, dans les représentations les plus classiques, le pentagramme flamboyant vient se placer au milieu de la représentation, centré sur la lettre G.

Plus particulière est quelquefois la position du compas les pointes tournées vers le haut[1]. L'interprétation de ces deux positions est assez contradictoire car dans le premier cas, les pointes vers le bas rendent l'équerre un outil passif, réceptif. Dans le cas contraire, le Compagnon doit comprendre la nécessité de rechercher dans le ciel les lois qui régissent le monde. L'équerre placée au-dessus, pour certains auteurs, servirait à « renvoyer vers le bas et concentrer sur lui-même » les rayons de l'étoile flamboyante. Ces interprétations restent intéressantes dans la mesure où le Compagnon va s'approprier le symbolisme comme le langage nécessaire à la communication entre les Frères dans une sémantique à la fois commune et personnelle.

Il existe donc bien une modification visuelle et spatiale du placement des deux outils à l'ouverture en chambre de Compagnons.

1. Wirth Oswald, *La Franc-maçonnerie rendue intelligible à ses adeptes II Le Compagnon*, Dervy, 1986, p. 174.

Rappelons, comme nous avons pu le voir dans l'étude du tapis de Loge au grade d'Apprenti[2], que l'équerre est l'outil qui permet de mesurer l'angle droit, l'angle 3,14/2, mais aussi la rectitude de l'ouvrage et la perfection de la pierre qui viendra plus tard s'inclure harmonieusement dans l'édifice. Nous voyons ici que si la rectitude n'est pas respectée, l'édifice sera en danger d'instabilité. Transférée au plan symbolique, il apparaît que lorsque chaque apprenti aura taillé sa pierre, et du coup sera devenu Compagnon, il se devra d'être parfait au risque de mettre en danger l'équilibre du collectif. Projet, obligation bien périlleuse car cela nous amène à réfléchir sur le collectif et se référer à des normes que peu d'entre nous auraient l'imprudence d'énoncer.

Soyons prudents en déclarant que la confiance est faite à chacun d'entre nous sur son travail personnel. L'équerre nous indique en effet de ne prendre en compte ici notre système de pensée dans un seul plan de l'espace, en l'occurrence vertical. Creusons en nous-même. Au second grade, l'horizontale est indiquée par le deuxième bras de l'outil. L'équerre est ainsi un système de référence, l'aune à laquelle il convient de se référer pour mener à bien à la fois son voyage intérieur, mais aussi sa démarche dans le sens des autres, l'horizontalité. Il n'est plus étonnant ainsi de constater qu'elle constitue le bijou du Vénérable Maître, garant de la régularité et de la perfection des travaux.

Ainsi l'équerre constitue bien cette liaison, ce trait d'union conduisant de l'introspection et du travail sur soi dévolus au premier grade à l'action communautaire, au partage et au voyage qui sont l'apanage du Compagnon. Sur un plan purement géométrique, l'équerre permet de construire le carré, symbole de la terre, du corps, du matériel. Ce dernier domine encore l'esprit au grade d'Apprenti.

Le compas est plus complexe. Il est mobile, peut adopter des positions diverses, des angles différents et se distingue essentiellement de l'équerre par ces divers éléments. Il ne permet pas de mesurer, mais de comparer des longueurs. Il sert avant tout à tracer le cercle, symbole du cosmos, de l'esprit. Son ouverture est

2. Les Amis de Tristan Duché, *Le Tapis de Loge au grade d'Apprenti*, 1997, P. 99 à 102.

variable et les exégètes rattachent cette possibilité à la mesure de la Connaissance. Plus l'angle est ouvert, plus l'esprit de l'initié l'est également. Mais toutes les figures qu'il trace sont identiques, seul diffère le rayon, c'est à dire l'écartement des branches. Tout se passe comme si l'ouverture d'esprit conditionnait l'aura, l'influence, la surface occupée par l'esprit de celui qui manie l'outil.

Mais le compas seul ne peut rien faire. Il ne permet pas de tracer autre chose que des images rondes parfaites qui ne sont que des éléments régulateurs dans la construction. Il permet de fixer des repères précis à des distances égales les unes des autres. Associé à l'équerre, il peut tout, même construire une cathédrale.

C'est pourquoi connaître la position relative de l'un et de l'autre, c'est à dire examiner ce qu'il convient d'appeler le « tracé de la Loge » est assez représentatif du grade auquel cette dernière travaille. Au grade de Compagnon, les branches, nous l'avons dit, sont entrelacées. Contrairement à ce qui se passait au premier grade, le corps, c'est-à-dire l'équerre, ne domine plus totalement l'esprit. Leurs influences sont mêlées. Leurs interactions intimes et dépendantes. Certes, le corps ne peut rien faire sans l'aide de la pensée, mais l'inverse est aussi vrai. L'opératif qui est un des traits dominants du grade demande la participation des deux éléments indispensables. La main est dirigée par l'esprit, certes, mais ce dernier ne peut s'en départir. Le compagnon sans bras est invalide. Il ne peut plus être qualifié de productif au plan de ce qui lui est demandé... construire.

C'est pourquoi les deux outils sont mêlés au second grade. Ils ne signifient que cette interaction intime, indispensable. Le corps fermant les conceptions de l'esprit en une synthèse féconde qui la réalise et la fait vivre au plan matériel. L'existant n'est réalisé qu'au prix de l'effort, de la main et de l'outil. Les machines tendent aujourd'hui à les remplacer, ou plus exactement à supprimer la main de l'ouvrier. Mais cette machine est elle-même façonnée par l'homme qui restera encore longtemps, espérons le, le maître d'oeuvre et le réalisateur initial.

Si l'esprit déraisonne, c'est à dire s'il perd ses facultés de raisonnement, de mémorisation, la bras reste valide et conserve souvent ses capacités de production. Mais l'œuvre n'aura pas les qualités propres à assouvir le projet. Elle sera ce que l'esprit a permis, une œuvre déraisonnable. Cela ne veut pas dire qu'elle sera inacceptable ou indigne de considération. Elle pourra être géniale, en dehors de ce qui est accepté habituellement et source d'inspiration nouvelle. Mais elle pourra être aussi un symptôme du mal de l'esprit. Les études d'œuvres de personnes psychiatriques, ou mentalement handicapées sont intéressantes à plus d'un titre, et en particulier pour expliquer les méandres de notre propre esprit, nous qui nous estimons sains.

Mais diront certains, les robots ont bien un esprit, le programme, qui dicte à la main des gestes précis, répétés à loisir dans une perfection qui dépasse quelquefois de très loin l'homme. Certains ordinateurs sont même capables de créer leurs propres programmes de fonctionnement et évoluer dans une sorte d'autonomie qui effraie à l'horizon de l'an 2001. Souvenons-nous que le calculateur du vaisseau spatial de l'Odyssée de l'espace avait pris le contrôle sur les astronautes qui lui étaient ainsi asservis. Cela est techniquement possible.

Cependant il pourrait exister une éthique prônée et modélisée par Isaac Asimov[3] qui stipulerait que le robot ne peut porter atteinte à l'être par action ou omission, doit obéir aux ordres donnés s'ils ne sont pas en contradiction avec le premier élément de la proposition et protéger sa propre existence dans les mêmes conditions que ce qui précède. Ainsi l'homme resterait maître de la machine et l'esprit humain poursuivrait sa quête du progrès et de la Connaissance. Mais cela signifie également qu'il faut compter sur la sagesse de cet esprit et la conscience de sa science. Einstein a rapidement appris où ses découvertes avaient mené le monde. Jusqu'à nouvel ordre, l'outil sera dirigé par l'esprit même si cela demande quelquefois des détours technologiques compliqués.

Le compas et l'équerre semblent ainsi symboliser, par leur association, les rapports intimes, différents, évolutifs, qui existent entre notre corps et ce qui l'anime dans ses aspects les plus constructifs, la raison. Cela nous amène à évoquer la place du Maçon parfait[4] au centre de cette représentation. Toutefois le

3. Asimov Isaac, *Les robots*, J'ai lu, 1950, Avant-propos.
4. Pieyns René, *L'itinéraire du Compagnon*, Fondation M. Hofmans, 1992, p. 240

Compagnon déjà tend à cette position par sa persévérance, son travail incessant sur lui même et avec les autres. Il a su, par sa connaissance, passer de la colonne du Nord à celle du Midi, du côté passif au côté actif et en acquérir les mystères. Par l'empreinte que son esprit est aujourd'hui apte à donner sur la matière, il peut légitimement se mettre au travail de son chef-d'œuvre.

Le glaive ou l'épée ?

Introduction

Le *Dictionnaire de la Franc-Maçonnerie* nous indique :

« Le Frère Grand Expert d'une Loge Bleue est à la disposition du Vénérable Maître. Porteur de l'épée, il veille à la régularité des travaux, il s'assure de l'habillement correct des Frères. Instruit de ce qui constitue la tradition maçonnique et le symbolisme, il est l'héritier du Frère Terrible des Loges françaises du 18e siècle. Ce Frère se déplace en faisant toutes les marches par équerre ; il tient le glaive de la main droite par la garde, le bras pendant naturellement le long du corps. Pour se mettre à l'ordre, le Frère Grand Expert tient le glaive par le pommeau, de la main droite ; il porte la main à la hauteur du menton, le glaive vertical. Lors de l'acclamation étant à l'ordre, il tend le bras devant lui, vers le haut ».

Distinction entre épée et glaive

Le glaive est défini comme une épée à deux tranchants. Du latin gladius, d'où gladiateur signifiant condamner quelqu'un au glaive. Le mot de glaive est employé au Moyen âge pour désigner en général, toutes les lames pouvant se monter sur une hampe ou sur une poignée d'arme de main : il s'applique surtout à une épée large et forte, à celles des cérémonies que l'on portait devant les princes. Cette dernière acception a prévalu. « Le souverain a la puissance du glaive » : il est le symbole de la guerre, du combat, de la justice de Dieu sur l'esprit des hommes. Le glaive tranche de manière brutale…

L'épée, du latin spatha, est définit, tout comme le glaive, comme une arme à deux tranchants. Alors… L'épée se compose de deux parties : la poignée et la lame. Nommée sabre ou coutelas quand elle est courbe, l'épée est toujours rectiligne, de longueur et de largeur variables. Après le couteau de pierre des âges préhistoriques, l'épée est la première arme à main qui apparaît dans les civilisations du métal.

Historique

A l'exception des très longues lames de bronze observées à Tirynthe et à Mycènes, les épées de ces civilisations préhistoriques sont assez courtes. Les lames ont successivement la forme d'iris puis de saule chez les romains; large à l'origine, elle devient courte à deux tranchants. Il faut arriver à l'époque carolingienne pour trouver des épées longues (près d'un mètre), plates, à pointes aiguës, qui resteront en usage, en forme de croix, pendant tout le Moyen âge. Ces épées, dites « à deux mains », ne trouvent guère de résistance devant la défense de vêtement en cuir bouilli ou en cottes de mailles. Seule l'arbalète était encore plus destructrice.

Au XIVe siècle, l'épée prend la forme d'un triangle isocèle à la pointe et apparaissent les premières coquilles de garde. Les épées géantes se développent particulièrement à cette période; par exemple, l'espadon et la savonne, qui réservées aux fantassins, dépassent parfois un mètre et demi de lame. On utilise jusqu'au 14e siècle invariablement la même épée au combat et à la chasse. Plus tard, la lame militaire s'amincira.

La renaissance amène des modifications importantes dans l'architecture de la poignée : celle-ci s'orne d'écussons, souvent en bois, et est habillée d'un filigrane en métal. L'épée se porte sur la hanche gauche, elle est longue et lourde, à pointe ordinairement arrondie; on s'en sert surtout pour tailler les mailles (on ne connaît pas encore les armures de plates). Apparaissent des épées plus courtes, avec une lame large au talon, très aiguë, dite perce-mailles. A l'aide de ces braquemarts, les gens de pied, éventraient les chevaux. A la fin du 15e siècle, le bouclier tombe en désuétude parmi les hommes d'armes, dont l'armure a atteint son plus haut degré de perfection. L'homme de guerre devient une véritable statue d'acier. L'épée est alors bien près de sa décadence.

Le Moyen âge en a été l'époque héroïque, le XVIe siècle l'époque artistique, avec le règne de Louis XIV s'ouvre la période industrielle. L'épée perd en dimension et en caractère. Vers 1660, elle ne dépasse pas 75 cm de long. Les petites épées à lame triangulaire seront les seules qu'on portera en ville. Descendant de la dague de chasse, le sabre dans le monde militaire supplante de plus en plus l'épée : ce sabre d'escadron possède une lame courbe et court apparue au début du XVIIe siècle, cette épée très solide peut frapper de taille comme d'estoc. Il s'agit d'une arme de cavalerie, sans coquille de garde. La fonte de cuivre remplace l'acier des poignées, et ce qui n'est pas en bronze est l'œuvre d'orfèvres.

Descendant de la rapière, l'épée courte est l'ultime évolution de l'épée confrontée aux armes à feu. C'est d'abord une arme de duel, puis un symbole d'appartenance ou de richesse, et enfin une simple arme d'apparat. Elle apparaît au XVIIe et disparaît au 19e siècle. Il s'agit d'une arme redoutable et, bien sûr, exclusivement utilisable en estoc. Elle est à la fois solide et rigide. En terme technique, on parle d'estoc quand on frappe de la pointe, et de taille lorsqu'on utilise de tranchant, le coupant d'une épée.

Avant la Révolution, seuls les nobles ont le droit de porter l'épée. La Révolution donne ce droit, avant d'en interdire le port qui était devenu général, à tous, au moins dans les villes ; cela donne le coup le plus terrible à l'industrie du fourbisseur. On ne fabrique plus, dès lors, que de grossières épées militaires ou des épées de cour en marcassite, en acier à facettes avec des poignées de nacre, comme on peut encore en découvrir aujourd'hui dans quelques corps administratifs où le port de l'épée a été conservé, depuis les Immortels dont l'ornement de l'épée rappelle leurs œuvres, jusqu'aux élèves de certaines grandes écoles (Polytechnique, St-Cyr…).

L'histoire et la mythologie sont remplies de fait d'armes où le glaive est au centre. Roi des Phrygiens, Gordias avait fixé dans le temple de Zeus son chariot consacré par les dieux. Le joug était attaché avec un lien de bois de cormier avec tant d'art qu'il était impossible de le dénouer. Les oracles promirent l'Asie à celui qui détacherait ce joug. Devant de multiples échecs, Alexandre trancha de son glaive le nœud mais sa possession de l'Asie fut éphémère.

Et la précarité de la vie et du bonheur si bien illustrée par l'épée que Denys plaça au plafond fixée avec un crin de cheval au dessus de la tête de Damoclès... Et ce Celte de Brennus s'écriant « Malheur aux vaincus! » en jetant sa lourde épée dans la balance pour alourdir la rançon réclamée à Rome. D'Escalibur à Durandal, la liste est longue qui relate faits d'armes glorieux ou barbares, où le glaive tranchant dans le vif et symbole de justice, est le centre.

La liste est longue où l'épée du valeureux chevalier se portant au secours de son peuple et de sa dame est glorifiée. C'est avec l'épée portée sur la tête des soldats que les Rois les proclamaient chevaliers. Et c'est sans doute enfin, le premier jouet que les enfants encore aujourd'hui fabriquent de rien, d'une branche, s'en allant guerroyer sur leurs chevaux imaginaires, tels des Don Quichotte à l'âme chevaleresque.

Le glaive ou l'épée : ambiguïtés dans les rituels

Si l'on prend la peine de compulser les divers dictionnaires traitant des symboles, on trouve à « Epée : voir Glaive » et à « Glaive : voir Epée ». Dans le Dictionnaire des Symboles, la différence entre ces deux armes est faite et cela apparaît une bien bonne chose ! Lors de la formation de la Voûte d'acier ou lors de la cérémonie d'Obligation, il est dit : « Mes Frères, prenez vos glaives », chacun prend alors son épée ou son glaive.

Dans un travail réalisé par la Respectable Loge « Ariane » du Droit Humain à Orient de Cannes, au-dessus du titre « Les glaives », on remarque en décoration deux épées flamboyantes, ce qui peut déjà paraître surprenant. La première phrase explique alors la décoration : « Fixons un point de vocabulaire, un glaive, ou une épée, en maçonnerie, désigne la même chose ». Plus loin, la justification se tient puisque, semble-t-il, « le glaive désignait au sens propre l'arme romaine, et, dans la langue noble, celle de la poésie et du théâtre, toute arme blanche. Rien d'étonnant donc à ce que nos ancêtres aient préféré ce mot ». Le paragraphe se termine par : « mais au XXe siècle nous n'avons nul besoin de chercher des nuances de sens ».

La chute est alors discutable, car comme nous venons de le voir, la spécificité symbolique de ces deux instruments persiste dans l'imaginaire, tant profane que sacré, alors pourquoi, nous maçons, devrions-nous nous dispenser des nuances de sens ?

Un peu de symbolisme

La fonction première d'un outil ou d'un instrument, désigne une utilité opérative ou décorative. Le symbole, lui, est porteur d'un autre sens, faisant appel à l'imaginaire : le sens symbolique. L'un et l'autre sens se ressemblent et s'identifient l'un par l'autre, mais ne se confondent pas. Le travail symbolique est alors là pour rechercher ce contenu hors des apparences.

Par un petit sondage auprès de francs-maçons et de profanes, échantillon non représentatif, la réponse fut identique dans le sentiment global qu'évoque le glaive : cette arme évoque quelque chose de négatif, d'un peu rustre et brutal, une arme un peu vulgaire, rien de l'élégance ou de la sophistication de sa consoeur l'épée. Il m'a même été rapporté que le glaive servait à attaquer, à assouvir aveuglément une vengeance, une punition, alors que l'épée pouvait en plus servir à défendre.

Le glaive est une arme de décision, mais décision qui ne résiste guère à l'épreuve du temps, l'exemple du noeud gordien est là pour le confirmer, car si Alexandre, comme cela vient d'être dit, trancha le noeud, il put, comme Gordias l'avait promis, conquérir l'Asie, mais pour bien peu de temps, et il y mourut d'ailleurs. Ainsi, le glaive tranche mais ne résout pas.

Pour certains, il est la « force lucide » de l'esprit, arme de décision ; il peut être l'instrument de la vérité agissante. En cela, le glaive peut caractériser l'action du Vénérable, qui s'oblige et prête serment. Il tranche parfois dans le vif, écarte en deux parties le vrai et le faux et se dispense, autant que faire se peut, des faux problèmes, des sophismes.

Dans la symbolique japonaise, le glaive est la sagesse qui tranchera les obstacles pour un éveil spirituel ; union féconde, il ajuste « la cohérence interne ». Mais là encore, la traduction du Japonais n'a-t-elle pas pris le glaive pour l'épée ? Quand il caractérise la puissance, il est aussi phallique et devient un instrument « solaire », car il est « solaire ».

Le Dictionnaire des symboles rapporte que l'épée se dit en chinois « li », comme l'éclair ; elle est traduite des langues asiatiques dans une symbolique de feu, par sa naissance, par sa fonction lors de son existence, enfin par sa mort. Mais là encore que font les traducteurs ? Elle naît certes par l'épreuve du feu, mais il lui faut ensuite subir celle de l'eau qui la conforte dans sa résistance : le trempage.

Les interprétations du *Nouveau Testament*, elles aussi, prêtent à confusion, car ici et là, l'épée ou le glaive à double tranchant seront alternativement utilisés pour caractériser le Verbe. Dans l'Apocalypse de Jean, le Christ tient dans sa bouche un glaive à deux tranchants, ce qui est un pléonasme puisque celui-ci en possède toujours deux. En d'autres lieux, il s'agit d'une épée aux mêmes caractéristiques morphologiques. Ici encore l'ambiguïté persiste, entretenue par les traductions de l'Araméen ou de l'Hébreu ancien.

Comme cela vient d'être largement décrit, l'épée marque une évolution dans l'arme de poing ; quand elle sert à l'estoc, elle agit comme la flèche, elle transperce. Mais elle symbolise aussi la puissance ; puissance de justice, il lui faudra elle aussi à la fois trancher et punir pour rétablir la lumière de la vérité. L'épée, objet souvent travaillé par l'intelligence humaine, parfois gracieuse, élégante, se doit de ne jamais frapper aveuglément ; elle caractérise toujours une intelligence dominée, conduite, raisonnée et éclairée.

La symbolique de guerre intérieure, séparant le grain et l'ivraie, est évocatrice du travail maçonnique tel qu'il est présenté au nouvel apprenti qui vient tout juste de recevoir la lumière. D'abord le travail sur soi et en soi, mais aussi pour les autres ; c'est là le premier message adressé au maçon dont le bandeau vient de tomber : la symbolique de l'épée est ici encore plus proche de ces recommandations que celle du glaive. Bien entendu le message de lumière de l'épée n'échappe à personne. Cette lumière qui devra éclairer aussi le nouveau Vénérable, comme les Officiers de la Loge venant de prêter leur obligation. L'épée, comme la flèche, sera le rayon de lumière qui devra faire fuir les ténèbres.

Elle est aussi symbole de rectitude, notamment quand elle est portée par le Grand Expert. Elle possède indiscutablement une fonction bipolaire et montre l'Ikhal et le Nadir, elle seule reste donc droite. A l'inverse, la canne du Maître des cérémonies ondule pendant la déambulation et, lors de la mise à l'ordre, elle est appuyée sur le bord externe du pied droit et forme donc un angle aigu avec la verticale. Lors de la mise à l'ordre du Grand Expert, comme cela vient d'être décrit, l'arme reste toujours verticale ; elle ne s'inclinera que pour l'acclamation. Ainsi elle est, symboliquement parlant, porteuse à la fois de lumière, de feu, d'eau. Par sa position, elle relie la terre et le cosmos, elle représente par ce dernier aspect l'équilibre du monde, l'axe du cosmos, elle est chargée de la symbolique de l'air.

Dans *Les secrets du Franc Maçon,* l'abbé Pesan XXX signale que celui qui est reçu Franc Maçon s'entend dire à la porte du Temple : « Qui frappe ? », auquel on répond : « C'est un gentilhomme qui demande à être reçu maçon ». Ainsi l'égalité entre francs-maçons réside dans le fait que tous sont gentilshommes. Au Rite Ecossais Rectifié, l'instruction de l'apprenti signale que cette égalité est toute spirituelle : « On vous a appris par là que, malgré des différences extérieures, des Hommes provenant de la même source, naissent tous égaux, et qu'ils n'acquièrent de distinctions réelles que celles que donnent le mérite et la vertu ; mais si le Maçon éclairé est en droit d'apprécier une telle distinction, il est aussi de son devoir de respecter partout les différents états de son rang déterminés ou permis par la sainte providence ».

Le cas de l'épée flamboyante est bien différent. Disposée sur le plateau du Vénérable, elle est souvent posée sur un livre sacré. Apparue au début du 19e siècle, flamboyante comme l'étoile du même nom, elle doit éclairer le Vénérable dans ces décisions. Mais s'il en a l'usage, elle ne lui appartient pas, elle est à tous les Frères présents, car elle n'est plus une arme mais un message. Certains puisent sa tradition dans le monde chevaleresque, la différenciant par là de sa consoeur droite, d'origine nobiliaire. Le Vénérable l'utilisera lors de la consécration du récipiendaire, il la posera alors sur la tête, sur l'épaule gauche, enfin sur l'épaule droite, tout en la frappant trois fois avec le maillet ; elle sera alors portée de la main gauche.

Le port de l'épée

Vient ainsi la difficile question du port lui-même de l'épée. Le port de l'épée au 18e siècle n'était, semble-t-il, pas de règle dans toutes les Loges. Dans la Maçonnerie anglo-saxone, l'épée n'est portée que par le Tuileur et, au Rite Ecossais Ancien Accepté, que par le Grand Expert. Au rite Français et au Rite Ecossais

Rectifié, à l'ouverture et à la fermeture des travaux, elle est portée de même par le Grand Expert.

Toujours sur le plan historique, dans le rituel de 1785, le Frère nouvellement initié doit donner son épée (s'il en possède une); elle lui sera rendue à la fin de l'initiation. Dans le rituel au Rite Ecossais Rectifié, le Frère est toujours censé en posséder une, ce qui permet de penser que le recrutement ne s'adressait qu'à des individus possédant un certain niveau social...

Concernant l'épée traditionnelle, elle devra être toujours portée de la main gauche, l'autre main devant être soit à l'ordre, soit pendante le long du corps. Ici, déjà les avis divergent : lors de la formation de la Voûte d'acier, au rite Français, elle sera portée de la main droite, la main gauche ne se mettant alors qu'exceptionnellement à l'ordre.

La portent, toujours de la main droite, le Grand Expert et le Frère Couvreur. Le premier, celui qui fut longtemps appelé le « Frère Terrible », était et reste le Tuileur, prêt à frapper. Le rôle a perdu de sa fonction de coercition, mais il lui en reste le port particulier de l'épée, et celle-ci reste encore une arme, tout comme le glaive. Le Couvreur lui, est habituellement l'ancien Vénérable. Il a droit de regarder dehors et de frapper le faux maçon qui voudrait entrer avant, mais surtout pendant la durée des travaux. N'étant pas forcément ambidextre, et le rituel ne prévoyant pas un Couvreur gaucher, pour plus d'efficacité, il gardera son arme de la main droite. Ici aussi, l'épée est en premier lieu une arme, ce qu'est aussi, nous l'avons vu, un glaive.

On peut alors poser l'hypothèse que seuls le Grand Expert et le Couvreur portent le glaive, les autres Frères portant l'épée, flamboyante pour le Vénérable et droite pour les autres Frères. Toutefois il parait illogique qu'en une quelconque circonstance, le glaive puisse être porté de la main gauche. Enfin, que le symbole du glaive porté de la main gauche puisse se rattacher au symbolisme du miroir me parait compatible avec l'introduction que notre Atelier a fait récemment du miroir, placé derrière le récipiendaire qui se doit de le regarder quand il se retourne après avoir reçu la Lumière.

Au Droit Humain comme à la Grande Loge de France, l'épée est portée de la main gauche lors de la formation de la Voûte d'acier. Boucher, du Rite Ecossais, semble donner raison au Rite Français. Pour conclure sur ce point très discuté ici et là, on peut toujours se poser la question de l'utilité primordiale des symboles comme le compas et l'équerre ; pour d'autres, l'utilité serait à la fonction symbolique, ce que la sexualité est à l'amour !

L'épée n'est donc pas toujours un instrument guerrier, elle peut être d'apparat, comme celle des académiciens français. Quant a l'expression « glaive d'apparat », elle, semble antinomique. Alors, si dans le rituel on veut bien confondre glaive et épée, l'image, le message même est différent, et c'est là la force du pouvoir de l'imagination symbolique, bel exemple où l'inconscient trahit la sémantique. Le glaive et l'épée, au plan symbolique, sont à différencier par le message qu'ils portent respectivement ; c'est une hypothèse.

En somme, si dans le rituel français on utilise le plus souvent le mot glaive pour l'objet de guerre qui sert à certaines cérémonies, au point de vue de l'imagination symbolique, la Voûte d'acier, la cérémonie d'obligation et la chute du bandeau traduisent plus une potentialité d'actions fraternelles, que la une manifestation d'un groupe sur le pied de guerre ; seuls le Grand Expert et le Couvreur pourraient posséder cette arme.

Ainsi, vous comprendrez mes Frères le sens de ma question, car ce travail se termine sur un questionnement : doit-on changer le rituel et à l'expression « Mes Frères à vos glaives », ne devrait-on pas substituer « Mes Frères à vos épées » ?

En fait, si au Rite Français, l'épée se doit d'être portée de la main droite pendant la formation de la Voûte d'acier, dans toutes les autres circonstances elle doit être portée de la main gauche, c'est-à-dire lors des cérémonies d'obligation et lors de la chute du bandeau, à la fin de l'initiation du profane. L'appellation « glaive » ne pourrait être utilisée éventuellement que pour ce qui concerne l'instrument porté par le Grand Expert et le Couvreur ; dans tous les autres cas le mot « épée » devrait être employé.

Bien entendu, ce n'est pas maintenant que la décision devrait être prise : réflexion et lumière sont nécessaires pour trancher. Pour m'exprimer de façon plus symbolique, je dirai : « Puisse l'épée flamboyante qui trône sur le plateau de notre Vénérable nous éclairer suffisamment afin que notre pensée s'épanouisse dans la plus parfaite rectitude ». Percevons maintenant avec plus de clairvoyance la différence symbolique qu'il existe entre la force aveugle du glaive et la lumière de l'épée flamboyante !

L'escalier

Dans le monde profane

L'escalier, étymologiquement du latin scalaria, est un ouvrage formé de marches qui permet de passer d'un niveau à un autre.

Nous nous sommes posé la question - sans pouvoir y répondre de façon satisfaisante - du degré d'évolution des techniques à partir duquel on voit apparaître l'escalier. De façon plus générale il semble que l'escalier illustre la volonté exprimée par l'homme, l'humanité, de maîtriser le monde qui l'entoure. On peut en effet, pour monter ou descendre, se contenter d'un plan incliné. Cela représente moins de travail. Nous remarquons en outre que d'un point de vue architectural il y a dans la construction d'escaliers, par l'assemblage de blocs plus ou moins parallélépipèdiques, une relative simplification du travail qui trouve donc sa justification. Voire.

L'homme avait-il un outil à sa disposition pour accéder à un niveau supérieur ou inférieur ? Très proche de l'escalier dans sa fonction, l'échelle semble répondre à cette même exigence avec au moins deux différences fondamentales :

– pour l'une, sa maniabilité permet à l'homme de l'emmener avec lui, de l'utiliser dans les différentes circonstances qui s'offrent sans souci particulier de mise en oeuvre.

– pour l'autre, il y a manifestement un progrès technique qui permet d'une part de descendre ou monter en position verticale (plus grande dignité dans les déplacements et possibilité de regarder devant soi), d'autre part d'avoir les mains libres et, par là, de pouvoir transporter une charge.

Il apparaît donc que l'escalier, amélioration technique, correspond au passage d'un mode de vie nomade ou semi-nomade à une organisation sociale sédentaire et qu'il représente un attribut architectural de constructions faites « en dur »... pour durer.

Il semble utile, par une première digression, de préciser que l'escalier représente, dans notre civilisation du confort à tout prix, une des premières causes de mortalité chez les personnes âgées et à tout le moins, avec le manque d'affection et d'entourage, un des premiers facteurs limitant leur maintien à domicile. Imaginons ce que seraient des maisons sans escaliers, où l'on n'aurait pas à descendre ou monter, où l'appropriation de l'espace se ferait différemment, librement…

L'escalier dans la littérature ésotérique

Il est possible de faire une recherche de textes sur ce thème. Voici quelques extraits de citations.

« L'escalier est une voie de communication entre le ciel et la terre. Symbole de l'ascension progressive, de la valorisation, l'escalier représente le passage d 'un plan à un autre, un itinéraire spirituel comportant divers états de conscience figurés par les degrés en rapport avec toute initiation : ascension à partir du monde matériel (base) vers la spiritualité (sommet). L'escalier figure dans de nombreux rites d'initiation. En colimaçon, il se rattache à la spirale évoluant autour de l'axe cosmique. » (*Dictionnaire symbolique*, Nadia Julien, éditions Marabout.)

« Escalier, symbole de la progression vers le savoir, de l'ascension vers la connaissance et la transfiguration. S'il s'élève vers le ciel il s'agit de la connaissance du monde apparent ou divin ; s'il rentre dans le sous-sol il s'agit du savoir occulte et des profondeurs de l'inconscient. L'escalier blanc représente parfois la haute science, l'escalier noir la magie noire. Comme l'échelle, il symbolise la recherche de la connaissance exotérique (la montée) et ésotérique (la descente).

« ...Symbole ascensionnel classique, il peut désigner non seulement la montée dans la connaissance, mais une élévation intégrée de tout l'être. Il participe de la symbolique de l'axe du monde, de la verticalité et de la spirale. Quand il a une forme spiraloïde, il attire particulièrement l'attention sur le foyer du développement axial qui peut être Dieu, un principe, un amour, un art, la conscience ou le moi propre de l'être qui, en cours d'ascension, s'appuie tout entier sur ce foyer, autour duquel il dessine ses volutes. Comme tous les symboles de ce type, l'escalier revêt un aspect négatif : la descente, la chute, le retour au terre à terre et même au monde souterrain. Car l'escalier relie les trois mondes cosmiques et se prête aussi bien à la régression qu'a l'ascension : c'est tout le drame de la verticalité qu'il résume. » (*Dictionnaire des symboles*, par Chevalier et Gheerbrant, éditions Robert Laffont, collection Bouquins)

« L'escalier, comme l'échelle, est en quelque sorte un pont entre terre et ciel entre profane et sacré. »

(*Dictionnaire symbolique et pratique de la Franc-Maçonnerie,* Ferré, Editions Dervy)

« Dans la symbolique maçonnique, les marches représentées sur le tapis sont assimilées aux grades d'initiation : par exemple trois marches aux vertus de tempérance, justice, amour bienveillant ; sept marches, dans les hauts grades, pour symboliser les sept arts et sciences libéraux du schéma didactique médiéval, les sept âges de la vie, les sept vertus, cardinales et théologales, devant conduire à la connaissance, à la maîtrise et à l'ennoblissement de soi. L'idée fondamentale est toujours la conscience qu'une expérience symbolique ne peut être délivrée d'un coup mais toujours progressivement, afin de ne pas surcharger le candidat, de respecter son rythme propre et de lui faire passer une à une les étapes nécessaires à une vraie compréhension. »

(*Encyclopédie des symboles*, Michel Cazenave, Pochothèque)

« Les escaliers du Temple de Salomon étaient en spirales (ou à vis). Ils signifient l'ascension, les instants d'arrêt, les marches en arrière que doit faire l'initié pour progresser. Ils impliquent des retours sur soi-même. Un escalier droit indique une élévation graduée, progressive, linéaire. L'escalier à vis suggère une élévation cyclique, apportant un mince progrès à chaque spire. On rejoint ici la symbolique du labyrinthe. Ce n'est que lorsqu'il aura regardé en lui-même, après avoir effectué maints détours, que l'homme trouvera la lumière. »

(*Dictionnaire symbolique et pratique de la Franc-Maçonnerie,* Ferré, Editions Dervy)

« Vient le jour de l'augmentation de salaire. La cérémonie d'élévation au deuxième grade n'est pas vécue avec la même intensité que le psychodrame de l'initiation : le récipiendaire a l'impression de tenir son rôle dans un chapitre de la vie de la loge. Les quelques modifications à l'ordonnance du temple, modifications qu'il finit bien par remarquer (ne serait-ce qu'au moment où il lui est demandé de lire les cartouches) ne sauraient provoquer un choc émotif. La phraséologie du rituel parle à la tête plus qu'au cœur et ne constitue pas un message fait de sensibilité. L'apprenti en passe de devenir compagnon, tout en voyant les frères sur les colonnes, se sent à la fois acteur et sujet : il se voit acteur et sujet, tout en étant spectateur et témoin des autres. »

(*La colonne du midi,* Maurice Serre et Poky Rochard, Édimaf)

Dans le monde maçonnique

Il y aurait ainsi tellement de façons d'aborder le thème de l'escalier :

– montée ou descente ?
– les marches et le nombre de marches ?
– escalier en spirale ou escalier droit ?
– marches de couleurs ou invisibles ?
– escalier de bois, de pierre ou de métal ?

En refusant avec force et profondeur à réduire l'escalier au choix dual montée ou descente, et encore moins de faire coïncider montée avec élévation de la pensée et descente avec aspect négatif, une des rares choses constatée, c'est que l'escalier, lorsqu'on le gravit, fatigue mes muscles ; et qu'il est plus agréable à ceux-ci d'avoir à descendre l'escalier. Alors peut-être serait-il possible de faire un parallèle entre la montée et la difficulté d'accéder à la connaissance ? Et un autre parallèle entre la facilité de la descente, avec absence d'effort, ce qui pourrait expliquer en partie l'aspect négatif parfois attribué à la descente de l'escalier.

Mais même en disant cela, le propos devient discutable. Essayez de descendre un long escalier immédiatement après l'avoir gravi. Vos muscles seront proches de la tétanie et se mettront à trembler sans qu'il soit besoin de le leur demander.

Et tout le monde sait bien que le plaisir est dans l'escalier, lorsqu'il vous conduit à l'être aimé que vous courez rejoindre. Alors les marches se gravissent trois par trois pour l'Apprenti, cinq par cinq pour le Compagnon, voire banalement quatre à quatre pour le profane. Quant au Maître, il lui faudra faire le grand écart pour monter son escalier…

Mais revenons au Tapis de Loge au second grade. La représentation simplifiée de l'escalier se retrouve dans les cinq marches ; il fait référence aux escaliers du Temple de Jérusalem, escaliers en colimaçon, symbole d'ascension certes mais avec un retour permanent sur soi-même. En quelque sorte élévation, tempérée en permanence par le souci d'introspection : rappel de notre nature, de son imperfection.

De façon plus générale, dans nos locaux l'escalier permet d'accéder aux parvis et dans le Temple à l'Orient, comme si leur accès représentait une élévation et qu'on ne puisse les considérer en venant de l'extérieur, que d'une position inférieure. Il semble que l'escalier outre une volonté d'appropriation théâtrale du monde marque par là un désir, inconscient probablement, de domination et d'oppression de la Franc-Maçonnerie, oppression symbolique des initiés sur les profanes, des Lumières de la Loge sur les Frères siégeant sur les colonnes.

Lors de la cérémonie d'augmentation de salaire du premier au deuxième grade on peut accéder progressivement, à la suite de cinq voyages initiatiques, à la plus haute marche de l'escalier, ce qui permet au futur compagnon, par un retour sur lui-même de contempler l'Etoile flamboyante et la lettre G.

A chacune de ces marches (cinq marches faisant référence au nombre cinq caractéristique du grade de compagnon) se rapporte un voyage et une couleur dont le choix est symbolique :

– la première marche de couleur noire illustre le retour nécessaire aux origines, à l'intérieur de la terre d'où est issue toute vie. Elle fait référence à la caverne qu'on retrouve dans l'appréhension du sacré des sociétés préhistoriques (cf peintures rupestres) ainsi qu'au ventre maternel. Il semble qu'elle fait référence au cabinet de réflexion qui est la première étape de l'initiation. Elle nous rappelle également la continuité, la filiation (?) qui existe entre la symbolique en vigueur en Franc-Maçonnerie et celle des sociétés initiatiques de l'Egypte et de la Grèce antiques (cultes de Déméter et d'Isis).

– la deuxième marche de couleur bleue fait référence à l'air et au blé en herbe qui, tirant sa subsistance jusque-là de ses propres réserves, a essentiellement besoin d'azote constituant essentiel de l'air. Deuxième voyage et deuxième élément fondamental de la vie.

– la troisième marche par sa couleur verte représente à la fois le troisième élément, l'eau, et le blé en tige. Troisième voyage, nombre trois du grade d'apprenti, nombre qui semble symbolique autant du besoin de purification (l'eau) que de la pratique de la douche écossaise qui est parfois le régime auquel est soumis l'apprenti. Heureusement qu'on lui laisse le loisir de mettre du vin dans son eau lors de son retour dans le monde profane.

– le quatrième voyage conduit à la quatrième marche dont la couleur rouge est riche de sens. Elle évoque, ce qui n'est pas évident à première vue, le blé en épi et, par son caractère nourricier, elle symbolise le sang principe de vie, de vie animale (« anima » faisant référence à la conscience de la vie). Elle symbolise le stade initial de l'incandescence (ne dit-on pas qu'un fer est porté au rouge ?) et par là au quatrième élément fondamental qu'est le feu. Elle semble également symboliser le caractère sacrificiel qu'on peut accorder à l'élévation sur les marches de l'escalier. On peut voir en effet deux références dont il n'est pas certain que ce soit inspiré notre rituel, l'une au culte appollinien, au couteau et au sang et sa déesse soeur Hécube, l'autre aux sacrifices auxquels se livraient les sociétés précolombiennes sur les dernières marches des pyramides à degrés et qui, de facon radicale, voulaient témoigner que la mort est source de vie.

– le dernier voyage conduit l'apprenti sur la cinquième marche de couleur blanche et lui permet d'accéder à la lumière, somme de toutes les couleurs. Il peut recueillir le blé en grains ce qui symbolise que, si la Franc-Maçonnerie est riche de chacun de ses membres, elle les enrichit eux-mêmes… Pour certains ce degré symbolise le cinquième élément, la quintessence introduisant l'idée que les êtres, la vie, leur perception ne peut se résumer aux quatre éléments fondamentaux mais répond quelque part à l'indicible et également que le matériel ne peut être dissocié du spirituel.

En guise de conclusion

Escalier qui monte ou escalier qui descend ? Et l'escalier mécanique qui fait monter sans effort trop net ? Et l'escalier roulant qui ne monte ni ne descend ? Faut-il comprendre qu'il puisse conduire nulle part ?

La richesse du symbole est qu'il ouvre une porte qui débouche sur une autre série de portes, qui conduisent à d'autres portes. Et les portes ouvrent sur des séries de portes… et les marches précèdent des séries de marches !

L'escalier

C'était par une nuit de novembre où le brouillard était tombé tôt et où l'humidité s'accrochait aux vêtements. Il était bien le seul à circuler dans la ville sous le vague halo des réverbères signalant leur présence tous les trente mètres. Il lui restait un dernier malade à consulter, un vieillard emprisonné dans un cinquième étage sans ascenseur d'où il ne redescendrait plus. Cinq étages, à l'heure où les jambes pèsent, où les épaules s'alourdissent, où la serviette bourrée d'instruments, de documents et de médicaments arrache le bras tout entier.

Il grimpait d'un pas pesant, lentement, marche après marche. A chaque palier il suivait la progression des programmes de télévision. Il s'imaginait des couples avachis dans des canapés dont il restait encore dix mensualités à régler ; il s'en représentait d'autres, père, mère et deux gamins serrés sur un même arc de cercle autour de la table de la cuisine pour faire face à un écran vantant les qualités exceptionnelles d'une marque de pâtes alimentaires. Il reconnut sur une plaque de porte le nom d'une célibataire qu'il soignait. Pas de bruit, elle devait être encore en train de pleurer sur ce qu'elle aurait voulu être et qu'elle ne sera jamais.

Son esprit s'évadait, allant toujours plus loin, et ses malades l'accompagnaient dans la montée de cet escalier, interminable. La Maladie de Sachs, le titre du best-seller de Martin Winch, lui traversa la pensée et le fit sourire. Cette histoire-reportage pour gogos bien portants l'amusait. Il aurait pu en écrire des tonnes de cette mouture ! La foule qui, maintenant, gravissait l'escalier avec lui, approuvait. Chacun revendiquait un chapitre, le sien, celui de sa misère, de sa souffrance, de sa propre vérité.

Ils étaient arrivés tous ensemble haut, bien haut. La terre paraissait minuscule lorsqu'ils firent face à l'étoile. Flamboyante, brillant de ses cinq branches, elle leur barrait la route. Son silence était tel que peu à peu le brouhaha cessa, les plaintes se calmèrent et les gémissements s'étouffèrent. Son éclat était si fort que même les plus souffrants relevèrent la tête.

En quelques instants ce fut une armée d'hommes bruts qui se regroupa. Douleur, souffrance et abandon s'émiettaient dans le noir de l'infini. Une liberté, jusqu'alors inconnue de ces gens venait de les gagner, une force de vie et de joie les submergeait, une...

– « Mais finissez d'entrer, Docteur, vous n'allez pas rester sur le pas de la porte ». Un petit vieillard se tenait devant lui, souriant, la main sur le loquet de la porte. Il entra.

Ardéchois Droit Devant, que l'Étoile Flamboyante te guide et rien ne t'arrêtera.

Schibboleth

Vénérable Maître, je me demande si tu n'as pas un peu exagéré ou « fait » dans la provocation en me proposant le sujet de cette planche. Je sais, il s'agit là du mot de passe au grade de compagnon, mon grade, qui est aussi celui du voyage et j'en prendrai bonne note, même si j'ai eu droit, jusqu'à présent et en la matière, à un « voyage au bout de l'enfer » plutôt qu'à un bout de chemin avec Hérodote ou au voyage de Nils Holgersson.

J'ai appris que ce mot, outre sa signification frumentaire, renvoie au fleuve, au torrent, et par là, à l'eau qui fait partie de nos voyages initiatiques et j'ai bien compris qu'il est difficile d'éviter, qu'au cours de nos voyages nous ne prenions parfois la « saucée ».

J'ai appris aussi que lorsqu'on rencontre un fleuve, il faut soit le traverser à la nage, à ses risques et périls, soit emprunter un bac ou un gué, lieu où il est toujours possible de faire des rencontres, de mauvaises rencontres parfois et où il faut, la plupart du temps, bourse délier.

Si vous le permettez, je ne m'attarderai pas davantage sur cette évocation aqueuse du mot Schibboleth, pour m'attacher au sens le plus souvent étudié faisant référence à l'épi et par extension, volontiers admise, au blé. Après avoir lu les travaux qui avaient été mis à ma disposition et qui traitaient du même sujet, le vertige m'a pris, vertige devant tant d'érudition, de références bibliques, kabbalistiques et, je l'avoue, dans un esprit de surenchère, j'ai avidement recherché mon « Boucher ».

Et là, chance, j'avais perdu mon « Boucher » et, double chance, un Frère visiteur qui, à mon plus grand délice, orne souvent nos colonnes m'a fait naguère quelques réflexions sur ces planches qui se veulent exhaustives et ne sont qu'un long catalogue. Alors, pas de scrupules à ne donner, à la mesure de mes moyens, qu'un éclairage particulier, sans parti pris d'originalité, sur un thème mille fois débattu. Avec indulgence, je l'espère, vous constaterez que le temps du compagnonnage n'est pas uniquement celui du voyage mais également celui de la contestation.

Contestation du mot Schibboleth lui-même et de sa résonance phonémique en quelque sorte qui m'a fait penser, la première fois que je l'entendis, à une menace d'émasculation proférée par un boucher auvergnat.

Contestation des quarante-deux mille victimes offertes au « vrai dieu » et à son peuple élu et qui étaient déjà des victimes palestiniennes.

Contestation de la prédilection maçonnique pour les références bibliques alors même que la Franc-Maçonnerie se veut non confessionnelle et déclare tendre à l'universel. C'est là un point d'Histoire qui mériterait d'être débattu, peut-être de faire l'objet d'une planche, mais je me contenterai de l'évoquer.

Contestation enfin qu'on donne dans notre institution une telle importance au mot, aux mots et, qui plus est, à la façon dont on les prononce : quel sort réserver alors aux porteurs de bec de lièvre ou aux zozotteurs congénitaux ?

Afin de développer le sujet, j'aborderai de façon critique, dans l'acception la plus large du terme, l'écho que renvoie le mot Schibboleth dans la Franc-Maçonnerie en général, dans notre obédience le Grand Orient de France, dans notre Respectable Loge et enfin l'écho qu'il trouve en moi-même et dans ma vie maçonnique.

En s'attachant au symbole représenté par l'épi, la Franc-Maçonnerie marque, je pense, la continuité dans laquelle elle s'inscrit, continuité par rapport aux démarches initiatiques du passé, qu'il s'agisse des rites et mythes isiaques, dont on remarquera la richesse, faisant apparaître avec force que de la mort d'Osiris résultera la vie, par le biais de la crue du Nil et grâce à l'obstination de sa femme, qu'il s'agisse des cultes à Demeter, faisant référence à la terre nourricière, à la succession des saisons, à la continuité entre la mort (séjour de Perséphone chez Hadès) et la vie symbolisée par son retour sur terre et par la récolte des moissons.

Et je ne suis pas sûr d'être exhaustif en y voyant une continuité par rapport à la démarche pythagoricienne, qui serait un syncrétisme des deux précédentes...

Mais alors pourquoi avoir choisi pour mot de passe un terme tiré de l'*Ancien Testament*? Est-ce là le symbole de l'influence déiste dont est marquée la Franc-Maçonnerie dès son origine? Ou bien est-ce le témoignage des luttes que se livraient en Ecosse, à l'aube du XVIIIe siècle, les différentes factions religieuses, elles-mêmes en butte aux visées impérialistes de l'Angleterre qui se soldèrent par la création de la Grande Loge le 24 juin 1717?

Il n'était pas inconcevable que dans son souci d'universalisme la Franc-Maçonnerie choisisse un mot tiré, pourquoi pas, de l'épopée de Gilgamesh (n'oublions pas que le blé tire son origine du croissant fertile) ou bien du Codex borbonicus (il aurait alors fallu choisir un épi de maïs ou une gousse de haricot). Mais il fallait bien faire un choix et ce choix je l'admets volontiers, d'autant que le regard critique que je porte est lui-même marqué par ma mentalité d'homme du XXe siècle qui n'est pas celle des pères des Constitutions d'Anderson...

De même, j'admets que l'épi symbolise en Franc-Maçonnerie, et notamment au grade en question, le fait que les compagnons représentent autant le fruit du travail (dans le sens de labeur et dans celui de gestation) que la promesse d'une moisson féconde et du pain qu'on partage (compain). Il est d'ailleurs admirable que pour les Grecs anciens le même mot Sitos signifie blé et pain. Et cela nous renvoie au fait que l'eau et le pain (Schibboleth) sont indispensables à la vie et sont la provende du voyageur.

On peut donc à bon droit considérer, qu'en ce qui concerne la Franc-Maçonnerie, l'épi, les épis symbolisant le fruit du travail accompli à partir de l'initiation représentent également la multitude des Frères qui composent la Franc-Maçonnerie. Ce thème est ailleurs suggéré par les grenades, symbole qui insiste, me semble-t-il, plus sur l'opposition apparente entre multitude et unité alors que l'épi met plutôt l'accent sur l'idée de gestation, de mûrissement et après une période de repli sur soi, d'intériorisation, de mort apparente.

Je me suis ensuite interrogé sur ce qu'avait de spécifique ce symbole pour le Grand Orient de France et j'avoue ne pas être suffisamment informé des autres obédiences pour y voir une différence sensible.

En revanche, me revinrent à l'esprit les premières mises en garde qu'on fit au jeune apprenti, sans doute pour qu'il ne se décourageât pas trop vite, devant les malversations auxquelles se livraient certains de nos Frères se prévalant des hautes fonctions qui leur avaient été confiées.

Il me semble y voir un détournement du mot blé, au profit de son acception argotique, détournement qu'on pourrait stigmatiser par l'expression « faire du blé ». Ne peut-on considérer que ceux qui dévoient ainsi leur parcours maçonnique font en quelque sorte de la Franc-Maçonnerie un fond de commerce, quand ce n'est pas une tribune dressée à leur besoin de puissance ?

Vous avez dit qu'ici tout est symbole ? J'ai cru le comprendre il y a peu, lorsque j'ai réalisé qu'il fallait payer après avoir reçu une augmentation de salaire ; la pilule serait mieux passée si l'on m'avait averti à l'avance ou si l'on m'avait demandé mon avis au départ. Voyez où va se nicher un esprit rebelle : je me suis demandé si, en cas de diminution de salaire (pour comportement incongru par exemple), le Grand Orient de France me donnerait de l'argent, histoire que je me « fasse du blé ».

Mais bon, puisqu'il faut payer, payons et poursuivons à rebours notre voyage symbolique en nous attachant à ce que peut représenter ce symbole dans notre Respectable Loge. Le souvenir me revient alors de la cérémonie d'augmentation de salaire et des marches de différentes couleurs, et j'ai ainsi l'impression, qu'au niveau de la Loge, Schibboleth est appréhendé comme l'épi en devenir, le blé en herbe en quelque sorte dont la couleur verte évoque justement la nature généreuse et pleine de promesses.

Difficile avec une éducation chrétienne de s'affranchir totalement des paraboles qui ont marqué notre enfance et de ne pas faire l'association d'idées entre le blé vert et l'ivraie, ivraie qu'il faudrait plus tard séparer du bon grain. Merci Saül d'insister lourdement sur l'exclusion de l'autre dès qu'il n'épouse pas l'opinion commune.

Et savez-vous mes Frères comment on se propose de séparer le bon grain de l'ivraie ? Par le vannage bien sûr, en lançant le grain dans l'air et en l'exposant au souffle du vent (le signe de l'air). Cela dit, je ne suis nullement convaincu qu'il faille porter uniquement un regard négatif sur l'ivraie qui symbolise, à mon avis, le droit à la différence. Et tout bon jardinier sait que les adventices ne sont pas toutes nuisibles.

Alors là mes Frères, je l'avoue bien volontiers, il ne m'a jamais semblé totalement retrouver dans notre Respectable Atelier cet esprit d'exclusion. Vous donnez au contraire un bel exemple, ce jour, à la fois de tolérance et de patience, en acceptant qu'une voix discordante s'élève entre nos colonnes. De la même façon, vous acceptez manifestement l'ivraie et le parasite (para-sitos) et les conséquences qui pourraient en découler.

Je voudrais à ce sujet rappeler un des derniers exemples de peur collective qui a marqué nos campagnes, à une époque qui est loin de remonter au déluge. Cet épisode édifiant se déroula à Pont-Saint-Esprit (sans doute y avait-il là un gué sur le Rhône) et on ne sût pas d'emblée le reconnaître et le rattacher à l'ergotisme (déjà le coq et son chant, source de confusion) qu'on nommait depuis le haut Moyen Age « Mal des Ardents », mais qu'on connaît également sous d'autres dénominations, rappelant, elles aussi, le signe du feu.

Vous avez bien dit, mes Frères, que tout ici est symbole. Une anecdote personnelle alors : j'ai depuis mon augmentation de salaire gardé à mon chevet la gerbe de cinq épis que vous m'avez remise et je la contemple souvent, parce que l'image me plaît, qu'elle me rappelle la fête des moissons que j'ai connue dans la Pologne de mon enfance et parce qu'elle évoque pour moi les lumières de la Loge. Et bien, croyez-moi, depuis une date que je ne saurais préciser, un de ces épis est en berne, celui que j'affectionne le plus et que j'aimerais entendre. Peut-être que, comme moi, l'imposture et l'impudence outrageante le laissent-elles sans voix.

Pour finir, je tenterai d'analyser ce que représente le mot Schibboleth pour moi en tant qu'homme et en tant que franc-maçon. Il est certain que ce mot trouvait en moi peu d'échos : d'abord pour les raisons contestataires que j'ai écrites précédemment, ensuite parce que j'ai du mal à accepter que mon comportement, mon image, ma personne soient mesurés à l'aune d'une formule, soumis à la mesure commune.

Il s'agit là, j'en conviens, au moins d'un manque flagrant d'humilité et sans doute également de ce que les Grecs anciens désignaient par « Ubris » qui est la démesure, la volonté d'égaler voire de dépasser les dieux. Eh bien, je le proclame, vive la démesure, surtout quand elle ne cherche pas à s'imposer à autrui. La démesure est, à mon avis, la marque soit de l'artiste soit de l'homme libre ou qui s'essaie à l'être : me vient alors à l'esprit l'image d'Icare (l'air, le feu et l'eau).

Du calme mon Frère, c'est à moi que tu parles : tu ne peux tenir ce langage en Franc-Maçonnerie où l'on prône la mesure et recherche l'harmonie. Certes, je réalise pleinement que j'apprends, au contact des symboles qui me sont proposés, à tempérer mon délire et peut-être à maîtriser mes passions. Je comprends que l'épi dont il a été question ce jour est le fruit du grain, et que ce grain j'en suis, comme chacun d'entre vous, le symbole, qu'il ne germera qu'après un séjour souterrain, après avoir été exposé aux intempéries (je n'ai pas dit vexations) et qu'il y faudra de la chance et de la patience.

Il me semble que ma planche aurait pu s'arrêter là, aux sens communément attribués au mot Schibboleth. C'eût été faire l'impasse sur le sens familier dont a usé le premier, je crois, Voltaire et que le dictionnaire définit comme : « épreuve qui doit faire juger de la capacité de quelqu'un ». Cet aspect ne m'a pas semblé sans intérêt et pourrait se résumer à l'idée, qu'à la question posée : « Es-tu compagnon ? », on réponde : « Mettez-moi à l'épreuve ».

Mais alors doit-on considérer cette épreuve comme un exercice de style, de beaux discours ou bien doit elle être mesurée aux actes. Et c'est là, à mon sens, une des limites de la maçonnerie spéculative laquelle repose sur les paroles plus que sur les actes, les pieuses déclarations d'intention plutôt que sur les engagements conséquents et concrets. Mes Frères, pour un Schoelcher combien de margoulins, combien de matamores ?

Allons, promis, j'arrête. Mais si vous n'attendez de moi, pour être reconnu compagnon, qu'une prononciation correcte du mot Schibboleth, je répondrai ce que je souhaiterais voir inscrit comme épitaphe : « Plutôt crever! »

Les voyages

Impressions de voyages

Deux ans, à quelques purs près, se sont écoulés depuis mon entrée en Franc-Maçonnerie. La cérémonie initiatique pour l'admission au grade de compagnon se déroule ce jour dit. Cérémonie initiatique, car en effet, l'initiation se poursuit.

A l'attente craintive du profane d'alors, succède la pie d'être admis au rang de compagnon, non pas sans une dernière fois relire quelques articles du Règlement Général.

Initiation nouvelle, initiation poursuivie. Réception des outils de compagnon : leur présence dans ma main gêne, par leur matérialité même, le maladroit que je suis. L'appartenance au monde opératif n'était pas ma destinée : tôt, le maître-ébéniste qu'était mon père orienta sa progéniture vers une vie où l'équerre, le compas, la règle à tracer mais surtout le maillet et le ciseau à bois ne lui seraient pas utiles, du moins le pensait-il alors.

Je fixe maintenant son équerre que je m'étais promis de mettre un pur sur ma table si j'étais promu compagnon. Equerre en bois, tachée et portant la marque de multiples tracés. La proportion de ses deux branches m'intrigue et je ne peux m'empêcher de les mesurer : 280 mm pour l'intérieur du côté long et 175 mm pour le côté court, soit un rapport de 1,6, celui du nombre d'or. Coïncidence ?

Voyages avec les outils, de cartouche en cartouche ; mais chacun contient en lui-même un programme d'études pour plusieurs vies humaines. Comment saisir le message qui m'est ainsi donné ?

Initiation progressive où, apprenti, je garde l'esprit d'apprenti pour Initiation progressive où, apprenti, je garde l'esprit pour devenir compagnon, apprenti-maçon et compagnon du métier, et non pas apprenti puis compagnon. Le compagnon ainsi devenu ne peut être, dans ses voyages, qu'apprenti devant tout nouveau savoir-faire qu'il découvre en traversant les provinces.

Franc-maçon, je ne peux être qu'apprenti devant tout mode de pensée nouveau, toute réflexion nouvelle. Ce n'est que par l'intégration et la confrontation successives de ces données en mon vécu propre que je pourrai par moi-même tracer ma propre vie, toujours soumis à d'incessants retours pour aller plus loin le lendemain. Ainsi pourrai-je intégrer le processus initiatique comme un moyen vers et non comme une fin en soi.

En effet, les psychologues et les psychanalystes dans la lignée de Lacan se demandent si le processus initiatique n'a pas pour effet habituel d'engluer les sujets dans l'imaginaire illusoire d'une intégration de soi-même et dans la soumission mortelle de la liberté personnelle aux valeurs et normes du groupe. Si l'initiation était lieu d'articulation entre sujet et institution, elle serait du même coup « la mise en condition du premier par l'imaginaire de la seconde ».

S'il y a risque, le frère Orateur m'a d'avance mis en garde en évoquant les notions de juste mesure, de mesure juste et d'harmonie. Harmonie : s'il est un vocable qui puisse traduire cette cérémonie, c'est bien celui-ci. Impression intime de concordance entre le groupe, le lieu, le décor et le récipiendaire ; impression de bien-être et d'absence d'interférences entre les participants et moi-même ; concordance éphémère dans un intervalle de temps d'êtres différents.

Mais l'harmonie, n'est-elle pas par son essence si puissante et si belle qu'elle ne peut durer ? L'harmonie par la puissance de bonheur qu'elle crée ne doit pas durer. Ne doit-on pas être en recherche constante pour vouloir la prendre, l'abandonner et essayer de la retrouver afin de ne pas tomber dans le piège de la soumission et de l'habitude ?

Je contemple la cathédrale, mais je ne peux rester perpétuellement sur le parvis ; je quitte l'harmonie pour la retrouver à travers le jeu des grandes orgues à l'intérieur de l'édifice ; le toucher de la sculpture d'une statue m'interpelle à présent, interrompu par l'odeur de l'encens, puis la saveur de l'eau coulant dans la crypte. Les cinq sens, le premier voyage.

L'harmonie n'est-elle pas une ? Mais suis-je toujours capable de la percevoir ? Comment la ressentir sans défaillance dans ce que la nature m'offre et dans ce que l'homme crée, sans privilégier tel sens par rapport à tel autre ? Comment m'inclure de manière égale dans cette harmonie ?

Si l'on peut espérer, grâce aux sens et par la science, approcher le nombre d'or, dans les arts, quelle est la voie qui mène à la section dorée permettant de trouver l'harmonie avec autrui ?

Le quatrième voyage s'effectue sous le signe du niveau. Pour Gédalge, « le niveau est aussi l'emblème de la recherche de la vérité, de l'aplomb, de l'équilibre ». N'est-ce pas une approche de la notion d'harmonie ?

Le frère Orateur m'a montré les voies à emprunter : la juste mesure. En bon maître, il n'a fait que m'indiquer la direction, à moi de découvrir le tracé véritable à travers les travaux auxquels j'assiste, à travers mes frères, relayant le frère Barat, philosophe de profession, qui décrit la Franc-Maçonnerie comme « la plus grande université qu'il connaisse, où tout Platon est condensé ».

Aujourd'hui, je ne peux rapprocher juste mesure que de prudence, la première des quatre vertus cardinales (prudence, justice, force, tempérance) auxquelles s'ajoutent les trois vertus théologales (foi, espérance, charité).

« La prudence est la vertu qui dispose la raison pratique à discerner en toute circonstance notre véritable bien et à choisir les justes moyens de l'accomplir. L'homme avisé surveille ses pas ».

« La prudence est la droite règle de l'action », écrit St-Thomas après Aristote. « Elle ne se confond ni avec la timidité ou la peur, ni avec la duplicité ou la dissimulation. Elle est auriga virtutum : elle conduit les autres vertus en leur indiquant règle et mesure ».

Règle et mesure ! Ne rejoint-on pas là le vocabulaire du compagnon ? Comment alors discerner à partir de la prudence et de la juste mesure, la mesure juste qui permettra à la décision être prise, car toute réflexion doit parfois aboutir ; l'architecte a défini le plan de la cathédrale et elle doit être bâtie selon juste mesure.

Dilemme où la juste mesure doit aboutir à un instant donné

à la mesure juste, à la décision, un chemin à prendre. Mais la décision n'est-elle pas guidée par le concept final d'harmonie ?

Le nombre doré philosophique n'est-il pas le rapport de la mesure juste à la juste mesure ? Harmonie, horizon à atteindre, mirage pour certains, s'évanouissant quand ils arrivent, réalité pour d'autres qui emportent leur secret avec eux, me laissant la recherche de idéal d'harmonie du moi avec moi, du moi avec les autres, du moi avec un réel, le plus souvent intangible, où seuls quelques instants fugaces m'atteignent, me laissant entrevoir et espérer.

Mais avant de connaître la mesure juste qui appartient au Maître de l'Oeuvre, le compagnon que je suis devenu doit, selon le cinquième voyage, travailler, travailler encore et toujours en juste mesure.

Les cinq sens

Introduction

Mon frère premier Surveillant m'ayant proposé un sujet de planche au deuxième grade sur le « 5 », j'en fus pour mes frais. Au début, je me suis dit : « la bonne aubaine, que de pistes à suivre ! »

En effet, j'ai cinq ans, je sais faire cinq pas et la lettre G qui est celle que je dois connaître à mon grade connaît cinq acceptions :

– Gravitation, qui est l'équilibre et le mouvement qui rapproche les coeurs et favorise par là même la fraternité et la solidarité ;

– Géométrie, qui est une science positive, celle de la mesure et permet donc de donner à chaque individu sa place dans l'édifice social ;

– Génération, qui est la force vitale perpétuant les êtres et nous laisse devant l'énigme de la vie, suscitant en nous l'envie d'intervenir dans la genèse des choses ;

– Génie, qui est l'intelligence de l'humain brillant qui va guider les autres sur le chemin de la justice et de la vérité. Il s'entretient uniquement par le travail et est au service de toute les grandes causes ;

– Gnose, qui est la connaissance morale et qui pousse l'homme à connaître et à apprendre toujours davantage. C'est la source de progrès.

De plus, j'ai fait cinq voyages :

– le premier, par le maillet et le ciseau, qui aide à la connaissance des sens et fait accéder aux idées ;

– le second, par l'équerre et le compas, qui symbolise la recherche de justice et de la vérité et aussi la recherche de l'art ;

– le troisième, par la règle et le levier, qui fonde le jugement droit, donne les lois morales et développe la puissance de travail qui n'est autre que la volonté au service du droit ;

– le quatrième, par le niveau, qui nous instruit sur l'égalité sociale et nous fait honorer la mémoire ;

– le cinquième, par la truelle, qui est l'achèvement du labeur et la glorification du travail.

Bien sûr, je fus placé face à l'étoile flamboyante à cinq branches qui symbolise l'homme avec ses quatre membres et la tête qui gouverne ; elle est la glorification du travail et nous invite à être des foyers ardents, source de chaleur et de lumière, de compréhension et de propagande. Elle est aussi la quintessence et les cinq sens qui révèlent à l'homme le monde extérieur.

Cinq est aussi la somme du premier nombre pair et du premier nombre impair au milieu des neuf premiers nombres ; et par cette arithmétique il symbolise l'union et le centre ainsi que l'harmonie et l'équilibre, de même l'ordre et la perfection. Et on peut encore continuer longtemps, une approche exhaustive de la présence du chiffre cinq dans tout le rituel au grade de compagnon.

Me voilà bien avancé dans mes recherches, la présomption du début cède le pas à l'humilité. C'était donc un sujet qui tout premièrement me ramenait à l'humilité devant l'étendue des pistes d'interprétation et de travail sur un symbole. Mais il faut travailler et, à mon grade, c'est même une glorification du travail. De plus un travail tourné vers l'extériorisation et en particulier la Loge, je veux dire en cela qu'il diffère de celui de l'apprenti tout entier tourné vers lui-même et sa construction. J'ai alors voulu parler de la laïcité et des cinq périodes ou étapes de son histoire, puis j'ai pensé travaillé sur les cinq connexions de la morale et la politique, pour finalement juger que mon travail ne révèlerait rien de neuf pour vous, et pour moi que mon combat dans le monde profane.

J'aurais alors peu progressé, peu engagé de moi-même dans cette planche de compagnon. Et voilà que les cinq sens se sont imposés à moi car sans cela, je n'aurais jamais engagé un travail sur un tel sujet. D'emblée il m'a ramené à moi-même, à ma relation au monde et à l'idée que j'en avais sans l'avoir jamais analysée. Les cinq sens sont les outils nécessaires à cette ouverture. Pour un premier travail de compagnon parler de la connaissance des sens qui est le premier voyage de l'élévation au grade de compagnon, cela semblait logique. Voyons ces cinq sens.

1. Le toucher

Peu de philosophie se réfère au tactile. Abstraire signifie moins quitter le corps que le découper en morceaux : analyser. La peau est une variété de contingence : en elle, par elle, avec elle, se touchent le monde et mon corps, le sentant et le senti. La peau sait explorer les voisinages, les limites, les adhérences, boules et noeuds, plis et lacs ; ici le visible dit plus que le visible. L'artiste ou l'artisan, par la brosse ou le pinceau, par le marteau ou la plume, à l'instant décisif, se livre à un « peau à peau ». Nul n'a jamais pétri, n'a jamais lutté, nul n'a jamais aimé, ni connu, s'il a refusé la prise de contact.

Mais nous nous couvrons de vêtements par pudeur ou vergogne de montrer notre passé notre passivité qui y sont imprimés, pour cacher notre peau, message privatif, message chaotique, langage indicible, pour le remplacer par l'impression conventionnelle et échangeable des habits. La sensibilité ouverte à tous messages, tient la peau mieux que l'oeil, la bouche ou l'oreille. La peau forme la toile de fond, le continu, le tenu des sens, leur dénominateur commun. Les autres sens sont plus spécialisés qu'elle. Notre enveloppe entend beaucoup, voit peu, respire les parfums secrètement, tressaille toujours, au bruit, à la lueur vive, à la puanteur, recule d'horreur, se rétracte ou exulte. Les choses nous baignent des pieds à la tête, la lumière, l'ombre, les clameurs, le silence, les fragances, toutes sortes d'ondes imprègnent, inondent la peau.

La peau reçoit le dépôt des souvenirs, stock de nos expériences imprimées là, banque de nos impressions.

2. L'ouïe

La vue livre une présence, non le son. La vue distancie, la musique touche, le bruit assiège, le regard nous laisse libre, l'écoute nous enferme. Le son ne connaît pas d'obstacles, il touche à l'universel. L'ouïe est globale, le son fait perdre la vue ou il la fascine. Si nous pouvons former l'idée d'un monde, ou de Dieu, si nous accédons à des totalités, à la globalité, nous n'y parvenons que par des harmonies qui ne sont jamais des représentations partielles. Toutefois, un vacarme inextinguible a pris le pouvoir mondial, notre monde technique n'existe que par un formidable brouhaha. La vie devient dès lors, un équilibre difficile entre la nappe musicale et le bombardement chaotique du bruit.

Il existe trois sources de bruit : le bruit interne ou subliminaire, le bruit naturel du monde, le bruit du collectif, de loin le plus fort. Il faut des circonstances rares pour qu'un groupe consente à se taire (Chartreux, Trappistes,... Apprenti).

Ces exceptions confirment la règle : la société produit du bruit, celui-ci croît avec celle-là, le rat des villes se distingue du rat des champs par sa vaccination à cette rumeur. De plus, le bruit définit le social. Suivant les strates de la société, on est loin du tohu-bohu, le son est harmonique (musique) ou on est près de tous les bruits de la technique (train, machine…) et du collectif (voisins, musique assommante, cris…). Qui supporterait sans défaillir cette enfer là ? Plus vous vous intégrez moins vous l'entendez, plus vous en souffrez moins vous entrez en contact avec l'autre, moins vous écoutez l'autre.

L'oreille rassure et régule la bouche qui émet en partie pour soi et en partie pour l'autre ; exemple de l'enfant qui ne parle pas : il pleure et crie. Où trouver maintenant des îlots de silence ? La voix fait du bruit et les choses aussi. L'appel à la bienveillance de mes frères, la supplication de l'écoute, la première séduction entre interlocuteurs passe par la voix. Cependant, sous le langage, la musique couvre d'universalité le chaos du bruit et nos échanges se passent alors des langues.

3. La vue

La vue souffre du mélange et de son évidence. Elle distingue plus volontiers, sépare, estime les distances. L'oeil éprouverait de la douleur à toucher. Il se protège et s'écarte. Voir veut dire savoir, et savoir réduit à dire. Le rationalisme effaça le visible ou méprisa les qualités et un autre visible vint vers nos yeux. Nul ne voit plus la couleur de la mer, tout le monde cherche le lointain, le profond, et les rend sensibles. On efface de fait l'immédiat, le prochain.

Le terme visite et le verbe visiter signifient d'abord voir et vue : il s'y ajoute un parcours, qui visite va voir. L'observateur se déplace, va loin ou près, avec plus ou moins de vitesse et fait au moins le tour de l'observé. Sachant que la vitesse de la lumière limite tout autant le visible que le connaissable ou que nos réussites techniques. L'esprit voit, le langage voit, le corps visite.

Le langage a cette capacité d'isoler que n'a pas le corps. Nous avons perdu la mémoire d'un monde ouï, vu, perçu, ressenti par un corps sans le langage. Notre corps est maintenant rempli de science et il sait plus qu'il ne parle. Toute notre société est tournée vers la vue. On mange par une étiquette et un code barre qui indique un produit sans que cela éveille notre goût endormi.

On vit et on perçoit les autres à travers un appareillage de machines à intelligence artificielle qui nous emmène dans des mondes virtuels où n'existent plus les sens sinon la vue trompée. Plus notre place est inconfortable dans la société, plus nous cherchons refuge dans le virtuel qui nous isole de plus en plus. Et on ose parler de convivialité d'un écran ou d'un logiciel !

4. Le goût

Il y a deux bouches : la parole passant la première, la deuxième est celle du goût qui me fait me souvenir des merveilleux vins que j'ai bu. Le goût est souvent opprimé car trop voisin, localement du langage. Une bouche chasse l'autre, celle du discours exclut celle du goûter. La langue qui parle tue dans la bouche la langue qui goûte.

Qui n'a pas bu de grand vin, ne l'a pas goûté, ne l'a pas senti, ne le sait pas et n'a aucune chance de le savoir un jour. On peut boire et s'enivrer, mais c'est une anesthésie. Il faut goûter et sentir, pour que le savoir vienne. En parler n'est pas savoir, le langage a besoin de l'étape qui précède. Les anciens latins disaient que sans le goût nous risquerions de redevenir des bêtes : la bête bouffe vite, l'homme goûte et jouit des odeurs.

Face à l'alternative buvez et goûtez ce vin, il faut choisir. Si vous le buvez seulement, vous garderez le verbe seul ; si vous le goûtez, il vous donnera votre goût ; en vous donnant son goût, il ouvre chez vous un sens. Le vin fin travaille la langue, la réveille de son sommeil. L'odorat et le goût différencient alors ce que la vue et l'ouïe intègrent. Le goût est humble car il ne distingue que peu de qualités : acide - doux - amer - astringent...

Je goûte donc j'existe localement à l'endroit où l'aliment de goût a donné à la bouche conscience de soi. Nulle culture n'atteignit au degré d'ascétisme qu'impose aujourd'hui la civilisation de consommation et l'uniformité des goûts.

5. L'odorat

Il définit le bouquet d'un vin et paraît aux exercés aussi objectif et précis que les nombres : les fragances des fleurs, rose, lilas, tilleul, jasmin, violette, puis des fruits, pêche, poires, framboises, amandes, cerises, puis celui des écorces et des résines ou feuilles mortes, champignons, truffes ; on descend toujours vers la terre décomposée, les résidus végétaux ou animaux, sous-bois, humus, fumets ; puis les épices, canne, vanille, tabac, café ; et aussi les roches, le minéral.

De même que le son le plus sublime avoisine le bruit, le parfum le plus profond touche aux morts et à leur pourriture (venaison) (on brûle de l'encens aux funérailles). Nous approchons du Sacré, à la purification du sale. L'hygiène et nos goûts aseptiques récents, le prêtre autrefois, le savant aujourd'hui nous dégoûtent de notre nez et nous érigent des frontières insurpassables qui touchent à la saleté, au mélange, à la déjection, à la mort. Notre odeur et notre aseptisation désoriente jusqu'au chien qui ne peut plus reconnaître l'odeur de chacun. Ainsi avec la peau qu'on cache, l'odeur qui est notre carte d'identité disparaît.

Cependant l'odeur du café grillé me fait frissonner d'allégresse le matin et les fumets du rôti qui précède le brûlé de peu ravissent mon esprit. Le tout est plus que la somme des éléments qui le forment. On est dans la philosophie du savoir. L'odorat, tout autre sens exclu ou annihilé, nous ramène dans la mémoire un petit sous-bois en cette saison au coucher du soleil avant la pluie en telle année. Sens des singularités, l'odorat glisse du savoir à la mémoire et de l'espace au temps. C'est le seul à nous donner une sensation du temps. Un bon oenologue ou tasteur doit reconnaître un vin sans faillir : or cela revient à ce qu'il découpe sur la mappemonde un vignoble de quelques hectares et sur le calendrier de l'histoire, une semaine d'automne. Et on dit que les sens sont trompeurs !

Conclusions

La France toute sensuelle produisit rarement une philosophie empiriste ; n'en avait-elle pas besoin ? Ceux qui vivent parlent peu, ceux qui parlent ne font pas. La culture française goûte, s'occupe de goûter, y travaille. Quand vous condamnez ceux qui vivent pour manger, vous qui mangez pour vivre, avez-vous décidé pourquoi vous viviez ? Le parfum est au fumet ce que le pardon est au don ou ce que le parfait est au fait, la quintessence.

On peut remarquer qu'en Franc-Maçonnerie, la quintessence qui est conçue comme l'invisible des choses ou comme un cinquième principe ramenant à l'unité le quaternaire des éléments. 5 = 4 + 1, cette formule prend tout son sens en loge où 4 Lumières + 1 (le Vénérable) éclairent la Loge. Mais seul le Vénérable la représente en son entier et donc initie et dirige les travaux de la Loge. 4 Lumières ou 4 points cardinaux et le centre ou le Vénérable qui contient toute l'humanité, soit pour nous la Loge.

La vue est rendue à l'Initié, mais à aucun moment on ne l'a privé de ses autres sens et particulièrement du toucher, ce qui préfigure bien l'importance de celui-ci dans la chaîne d'union, l'accolade… On ne l'a pas privé de ses autres sens, ceux qui aujourd'hui sont opprimés par la société contemporaine. La Franc-Maçonnerie irait-elle à contre temps ou serait-elle hors du temps ? Peut-on penser que comme le symbole est hors du champ de l'affrontement empirisme/rationalisme, du même coup nos cinq sens sont encore sur un pied d'égalité ?

Pour moi, découvrir que dans le rituel sont répartis également tous les sens de l'homme fut comme donner une dignité à chaque homme qui compose une loge. Rétablir le toucher qui est un des sens que je répugnais à exercer, pour des raisons d'histoires personnelles, fut un retour sur moi-même que sans cette planche, je n'eus pas opéré. J'ai gagné un pan de mon humanité. Merci mes Frères !

Les arts

L'apprenti qui aspire « à l'honneur d'être admis parmi les compagnons », comme l'indique la dernière phrase du manuel d'instruction au premier grade, va effectuer cinq voyages lors de son augmentation de salaire. Dans ce même manuel, le sens général de ces voyages lui est rappelé : « Les voyages figurent les travaux et les études que comporte le grade de compagnon ».

Continuité de son temps d'apprenti et transition vers le grade de compagnon, le premier voyage, avec le maillet et le ciseau, rappelle que le compagnon doit s'améliorer lui-même en s'efforçant de faire disparaître ses aspérités fâcheuses, ses défauts, ses préjugés et ses erreurs. Jusque là, il serait possible de voir la poursuite du travail de l'apprenti, le travail sur soi-même. Mais déjà de nouvelles indications lui sont données. A ce travail doit se joindre l'étude des sens, qui conduit à la connaissance de la personnalité humaine et qui explique la formation des idées.

Peut alors débuter pour l'aspirant compagnon le deuxième voyage. Et deux nouveaux outils l'accompagnent dans celui-ci : l'équerre et le compas, symboles de la justice et de la vérité. Le manuel d'instruction au deuxième grade développe quelque peu le symbolisme de ce second voyage et des outils l'accompagnant. Dans l'étude des sens évoquée au cours du premier voyage, « le compagnon doit faire aux arts une part importante ».

Pour la première fois depuis son initiation, le frère découvre un texte où la notion symbolique de l'art est évoquée. Mieux même, « le compagnon doit faire aux arts une part importante, aussi bien à ceux qui ont pour objet l'expression du beau qu'à ceux qui tendent à la réalisation de l'utile, les uns et les autres étant nécessaires au développement de l'humanité ». Suit alors une exposition de considérations sur le rôle des arts en général, qui « embellissent aussi bien la vie individuelle que la vie collective. La qualité du goût dans l'ancienne Grèce créa la perfection dans la Cité en même temps que l'harmonie du corps humain. L'Art, a dit Aristote, est la joie des hommes libres ».

Outre cette très célèbre formule d'Aristote, il est possible de mener une réflexion sur un constat résumé par une question simple : « Pourquoi est-ce au grade de compagnon qu'est abordée la notion d'art ? » Autre façon d'aborder ce problème : « Quelle est la place de l'Art dans la démarche initiatique au grade de compagnon ? »

Dans mon souci de centrer essentiellement mon propos sur le second voyage, je n'aborderai quasiment pas les autres voyages puisque c'est dès celui- ci que la question de l'Art est posée.

Autant l'essentiel du travail au grade d'apprenti est un travail sur soi, autant le travail au deuxième grade est conçu de telle façon que le compagnon devienne lui-même « une sorte de foyer ardent, une source de chaleur et de lumière, une source de compréhension et de propagande ».

Alors, « éclairé par son intelligence et son cœur unis dans la recherche du vrai, dans la pratique de l'altruisme et de la bonté, il doit se dévouer sans réserve ; guidé par la connaissance développée de son être propre, des autres et des choses, il parvient à la meilleure culture de soi-même, des autres et des choses en s 'efforçant d'introduire partout le développement de l'ordre juste ; il réalise ainsi, de son mieux, la parfaite harmonie de l'homme avec lui-même, en même temps que l'harmonie des choses extérieures avec les idées nécessaires qui les organisent le mieux ».

Naturellement vous avez reconnu la description symbolique de l'Étoile flamboyante, l'astre de la libre pensée, symbole essentiel au grade de compagnon.

Mon travail sera d'abord centré sur la question proposée par le frère premier Surveillant. Ensuite, je porterai ma réflexion sur le rôle de l'Art dans toute démarche initiatique mais aussi le rôle et la place de l'Art, de l'artiste, dans l'incessant effort de l'homme, pour la recherche de la vérité, l'étude de la morale et la pratique de la solidarité.

Si la question de l'Art est posée au grade de compagnon, c'est qu'elle ne peut pas être posée au premier grade, au grade d'apprenti. Non pas que l'apprenti n'ait pas les capacités intellectuelles et morales pour ce faire, mais il a une tâche prioritaire et fondamentale : l'apprenti consacre ses forces à un travail sur soi, par le maillet et le ciseau ; il dégrossit la pierre brute. Ce premier travail étant bien entamé, mais non achevé, donc cette première tâche étant bien lancée, l'apprenti peut s'ouvrir sur ce qui l'entoure. Et qu'est-ce qui entoure l'apprenti ? Les autres hommes et les choses.

Mais ma réponse paraît insuffisante, car je n'ai toujours pas indiqué pourquoi l'apprenti n'aurait pas encore les outils pour s'approprier l'Art comme moyen dans ses études, alors que le compagnon comprend que l'expression du beau, comme la réalisation de l'utile sont nécessaires au développement de l'humanité.

Revenons donc à la pierre brute. Le dégrossissement de la pierre brute est long et difficile. Et cet ouvrage ne s'achève pas. Lorsque l'apprenti en prend conscience, il pourrait se désespérer, et sombrer dans la mélancolie de l'inutile. Avec l'équerre, il détient un outil l'invitant à compléter le travail sur lui-même. Avec le compas, il entreprend et œuvre avec mesure, précision et discernement entre les différents angles d'écartement de ses branches. Ces outils l'incitent à découvrir la méthode qui mène à la perfection, c'est-à-dire à ce qui exprime un sentiment de la vie, « mieux que la vie elle-même ».

Par l'étude de l'art, l'apprenti passe du relatif à l'absolu. Devenu compagnon, il trouve la voie de l'Initiation, il parcourt la Voie royale. Dans sa démarche de progrès, l'homme s'appuie sur l'art comme force créatrice. Le rituel d'augmentation de salaire explicite cette voie nouvelle : « L'art élève au-dessus de soi-même. Il est l'expression transcendée de la sensibilité humaine ».

Ainsi, l'apprenti devenu compagnon, devenu dépositaire et responsable de nouveaux outils, peut désormais user de l'équerre pour dresser régulièrement les matériaux, et du compas pour établir les mesures exactes. Il usera dorénavant des emblèmes de l'art.

Il ne pouvait les approprier au grade d'apprenti, car il ne lui était pas encore possible d'entreprendre, et encore moins d'exprimer. Le frère Grand Expert, fil d'Ariane fraternel, ne manque pas au cours de la cérémonie d'augmentation de salaire, en préambule de chaque voyage, d'indiquer certaines recommandations à l'apprenti pas encore compagnon. Avant le premier voyage, il lui déclare : « Regardez et sachez entreprendre ». Le maillet et le ciseau accompagnant ce voyage ne servent désormais plus uniquement à dégrossir la pierre brute, mais à lui donner le poli et l'élégance de la forme. Déjà la notion de recherche artistique s'ébauche.

Et une fois le premier voyage achevé, le frère Grand Expert avant de débuter le second voyage déclare au frère un peu moins apprenti et pas encore compagnon : « Voyez et sachez exprimer ». Tout en se gardant bien de lui faire croire qu'il y a un regard et une expression officiels, il lui confie l'équerre et le compas, les emblèmes de l'art. Mais, si l'Art est principalement évoqué au cours du deuxième voyage, les voyages suivants assurent la continuité de cette marche vers la voie royale. Avant le troisième voyage, le frère Grand Expert propose : « Observez et sachez déduire ». Avant le quatrième voyage : « Reconnaissez et sachez donner ». Et enfin, la phrase introductive au cinquième voyage devient la clé de voûte : « Croyez en l'œuvre et sachez l'accomplir ».

Nous ne pouvons qu'apprécier la montée en puissance des termes et des verbes : regarder, voir, observer, reconnaître, puis croire, de même que entreprendre, exprimer, déduire, donner, accomplir. Aucune démarche heurtée, mais une invitation permanente pour une progression sereine. A chaque fois, l'apprenti s'appuie sur des outils nouveaux ou déjà maîtrisés mais utilisés différemment. La gradation est simple, douce, logique et attrayante. Aussi est-ce avec sérénité que, en fin de cérémonie, se retournant pour contempler l'Étoile Flamboyante, ce Pentagramme de l'Absolu, il sera invité par le Vénérable Maître à conquérir par lui-même la compréhension de ce qui est à l'intérieur.

V.I.T.R.I.O.L. : « Visite l'intérieur de la terre et, en rectifiant, tu trouveras la pierre cachée ».

Dans ma présentation initiale, j'ai envisagé une réflexion sur l'art, complémentaire de la réflexion précédente.

Le terme art vient du latin ars qui traduit le mot grec technë. Le terme art désigne donc aussi bien la technique, le savoir-faire, que la création artistique, la recherche du beau. Mais création artistique et œuvre d'art ne s'expliquent pas uniquement par la possession d'une maîtrise. Comme le suggère le substantif « beaux-arts », un rapport existe entre l'art en tant que pratique, qui est le fait de l'artisan, de celui qui maîtrise un art, et l'art en tant que talent ou génie particulier rendant apte à créer la beauté, qui est le fait de l'artiste. Je limiterai ainsi mon propos sur trois points.

Premier point : réflexion sur art et technique

Si l'art est une technique, un savoir-faire, il suppose l'apprentissage d'un certain nombre de règles et de procédés, ainsi que l'acquisition d'une habileté. Il s'oppose aussi bien à la science, qui est un savoir théorique, qu'à la pratique aveugle ou à la routine. Lorsque Jean-Jacques Rousseau parle de l'éducation comme d'un art, il veut dire qu'aucun savoir théorique ne garantit le succès de l'éducation.

A l'inverse, la pratique irréfléchie de l'éducation, que l'on peut observer tous les jours, n'est pas satisfaisante. L'art est une pratique éclairée dont le but est la réussite plutôt que la connaissance, et qui s'applique aux choses sur lesquelles l'homme a un pouvoir. Aristote disait : « Le hasard aime l'art, l'art aime le hasard ». Il voyait dans la technë la manifestation de la liberté de l'homme. Créer des formes, en intervenant dans le cours des choses qui ne sont pas déterminées, qui peuvent être autrement, fait de l'artisan le rival de la nature. Ainsi, on peut dire que l'art, au sens d'artisanat ou de technique, ne doit pas être opposé de façon rigide à la création artistique, car il est loin de se réduire à la répétition d'un geste sans réflexion, à une pratique sans idée.

Deuxième point : la création artistique.

L'art qui vise la création du beau s'affranchit cependant de l'utile, et d'une fin déterminée à l'avance, à moins d'enfermer le beau dans des canons esthétiques, de déterminer un idéal dans le but de fournir un modèle aux artistes. La modernité a libéré les beaux-arts de telles contraintes, l'esthétique kantienne, sur laquelle je reviendrai plus tard, insistant à la fois sur la liberté de l'artiste et sur l'impossibilité d'expliquer la beauté par la correspondance avec une finalité. La beauté offre une impression de totalité, sans qu'une idée puisse justifier ce sentiment. L'artiste susceptible de produire cette beauté possède le génie. Tiens, tiens, nous retrouvons le mot génie, celui-là même évoqué par la lettre G.

Troisième point : à propos du génie.

Kant, dans sa Critique de la faculté de juger, propose une réflexion sur l'artiste en général et sur le génie en particulier qu'il me semble possible de résumer ainsi : le génie a un talent original, le produit du génie est un exemple, le génie ne peut expliquer son génie, et de plus le génie n'a pas conscience de son génie. Pourquoi l'artiste de génie ne peut-il créer deux fois la même œuvre ? Comment l'artiste de génie parvient-il à n'imiter personne, tout en devenant pour les autres un modèle du jugement ? Par quel mystère est-il en mesure d'inventer lui-même les règles auxquelles il soumet son art ? Et enfin, pourquoi n'est-il pas en son pouvoir de communiquer ses préceptes qui permettraient à autrui de réaliser des œuvres semblables ?

Telles sont les questions que peut suggérer ce texte fondamental de Kant, telles sont aussi les questions auxquelles je suis parvenu à partir d'une réflexion sur la place de l'art au grade de compagnon. Mais Kant est tempéré par Nietzsche, qui refuse pour autant de voir dans l'artiste, fusse-t-il génial, un être supérieur. Et Nietzsche d'ajouter : « Toute activité de l'homme est compliquée à miracle, non pas seulement celle du génie, mais aucune n'est un miracle ». Je propose une remarque personnelle : le génie ne peut s'expliquer ni se transmettre ; il en est de même pour l'initiation maçonnique, qui ne peut que se vivre. Chaque franc-maçon, lors de son initiation, approche une parcelle du génie de l'homme, une parcelle du génie humain.

En conclusion, l'on peut dire que l'œuvre artistique est précisément artistique par le regard des autres hommes. Lorsque l'artiste crée une œuvre, il a créé une œuvre, point final. Personnellement, elle lui plaît ou lui déplaît, c'est son affaire. Il portera un regard esthétique sur celle-ci, et sa réponse est personnelle. Mais l'art n'est pas reproduction, l'art est invention ; l'œuvre artistique est une création et non une imitation. Cette création sera une avancée pour l'homme non pas parce que l'artiste l'aura voulu, mais parce que les autres hommes l'auront reconnue comme telle, une avancée, une création décisive.

L'artiste existe par le regard des autres, l'artiste existe par les autres. L'artiste n'existe pas pour lui, il existe pour les autres. Si nous poursuivons cette réflexion avec l'aide de Nietzsche ou de Hegel, le but de l'art n'est aucunement de rechercher la vérité, mais de contribuer à cette recherche de la vérité. L'art est art parce qu'il est art. Il n'est pas un but en soi. Il n'est pas l'art pour l'art.

Contradiction avec notre démarche maçonnique de recherche

de la vérité ? Point du tout. Complémentarité. L'art est un outil, il n'est pas finalité. L'œuvre d'art est alors le témoin de la lucidité dont l'homme est capable, lucidité qui se traduit par le désir de réaffirmer la vie par-delà l'absurdité et la douleur du monde. L'œuvre d'art est l'illusion joyeuse qui permet de vivre quand même. Cette illusion salutaire prend donc la forme de l'éternel retour : l'art est une attitude toujours nécessaire, vis-à-vis d'une réalité que n'améliore aucun progrès spontané.

L'homme ne progressera que par le travail. Et le travail parmi les autres, c'est précisément ce à quoi est invité le nouveau Compagnon une fois l'augmentation de salaire terminée. Au grade d'Apprenti, c'était un travail sur soi. Au grade de Compagnon, c'est un travail parmi les autres. Comme l'artiste parmi les autres hommes. Rappelons nous l'interrogation du Vénérable Maître, au premier grade : « Etes-vous franc-maçon ? » La réponse nous est familière : « Mes frères me reconnaissent comme tel ».

Le franc-maçon est franc-maçon parce que les autres frères le reconnaissent comme tel. Le franc-maçon est franc-maçon par les autres. L'artiste est artiste parce que les autres le reconnaissent comme tel. L'artiste est artiste par les autres.

Par son augmentation de salaire, le nouveau Compagnon, déjà reconnu franc-maçon par les autres frères, apprend à travailler parmi les autres, pour les autres. De même que l'artiste, reconnu comme tel par les autres hommes, va désormais œuvrer pour les autres, et non pour lui, sans que parfois il en ait même conscience de manière précise.

Décidément oui, ce ne peut être qu'au grade de Compagnon que la notion de l'Art peut être abordée dans la démarche initiatique maçonnique.

Avant de terminer, je crois utile de préciser combien j'ai apprécié de mener cette réflexion, qui n'est à l'évidence qu'un début de réflexion, sensibilisé comme je le suis depuis si longtemps sur la place de l'artiste créateur parmi les autres hommes. J'ai été charmé par la douceur des termes employés, leur gradation attrayante. Aucun mot brusque, aucune démarche hâtive, mais une confiance absolue en l'homme, en les possibilités de l'homme. Ai-je réussi à vous transmettre ce plaisir et ce charme ? Je le souhaite, mais soyez persuadés que ce plaisir et ce charme furent permanents en moi.

L'Humanité ou tous les hommes sont frères...

Au XVIIIe siècle, dans la maçonnerie allemande assez proche des idées de la maçonnerie française, les idées humanistes et en particulier la fraternité universelle sont couramment exaltées. Rien d'étonnant alors, à ce que le frère Beethoven ait choisi pour terminer l'ensemble de ses symphonies un poème du frère Schiller.

« Tous les hommes sont frères
C'est la seule vérité
Plus de haines, plus de frontières
Plus de pauvres méprisés... »

Dès l'origine la fraternité est un des fondements de la Franc-Maçonnerie. Dans les *Constitutions d'Anderson de 1723*, on peut lire : « Aucune brouillerie ou querelle privée ne doit franchir le seuil de la loge » et les Charges se terminent par un appel à l'amour fraternel « fondement, ciment et gloire de cette ancienne confrérie ».

A cette époque les tenues ressemblent plutôt à des réunions d'amis ou règne une certaine liberté d'expression et surtout l'égalité entre tous les frères. Cette ambiance permet à André Combes d'écrire : « Venir en loge était une occasion de discuter, de goûter aux innocents plaisirs de la fraternité. »

Je ne sais si, aujourd'hui, les plaisirs sont toujours aussi innocents mais la fraternité reste une des bases de la Franc-Maçonnerie et son importance est affirmée par sa présence dans la devise du Grand Orient de France et d'autres obédiences.

Fraternité, frère, fraternelle, ami, amitié, voilà des mots qui nous sont familiers et que nous retrouvons souvent dans des noms de loges, de journaux maçonniques, d'associations maçonniques ou dans des expressions comme salut fraternel, accolades fraternelles, fraternelles observations...

Au premier abord, il apparaît difficile de la différencier de mots comme convivialité, solidarité, amitié, consensus, gentillesse, amour... Une autre difficulté est que la fraternité appartient au domaine du vécu, du ressenti. Il est facile de disserter sur un concept mais parler d'un sentiment est plus délicat parce que c'est du domaine personnel, non quantifiable et intuitif. Si la fraternité est intuitive, on pourrait penser qu'elle ne s'apprend pas. Il y aurait ceux qui la vivent et ceux qui ne la vivent pas...

Alors pourquoi en parler ? Je suis de ceux qui croient en la perfectibilité de l'homme et je pense que l'on peut tout apprendre y compris à aimer les autres. Apprendre c'est aussi comprendre et je vais donc essayer de développer quelques idées sur la fraternité.

J'ai commencé ma réflexion par les images auxquelles on peut l'associer de façon générale :

– image de la famille, de ses propres frères ou sœurs, de la phratrie qui évoque le partage d'une expérience commune, donc d'émotions et de souvenirs, même si parfois le mythe d'un certain nombre de frères dans l'histoire est plutôt tragique (Abel et Caïn...)

– image de l'amitié qui implique la réciprocité et la liberté : on choisit ses amis pour partager des idées, des moments de joie...

– image de l'entraide et de la solidarité : souvent la fraternité rassemble ou unit ceux qui ont vécu quelque chose de difficile en commun, ou qui se sont opposés au mêmes ennemis (l'on retrouve ceci, par exemple, dans l'expression « frères d'armes »)

– et enfin, image de contrat moral et de la loyauté : la fraternité exclut la trahison

On retrouve dans la fraternité maçonnique toutes ces idées avec, je pense, quelques particularités :

– l'appartenance à la même famille (dans ce cas sprituelle) qui se traduit dans l'expression « les enfants de la Veuve », qui est la veuve d'Hiram, architecte du temple de Salomon. Dans la tradition maçonnique nous sommes tous symboliquement les enfants d'Hiram.

– l'expérience commune qui n'est pas banale puisque c'est celle de l'initiation (fortement chargée d'émotions) mais aussi le partage des mêmes valeurs, de la même démarche, des rituels, des symboles, tout en respectant les approches différentes de chacun d'entre nous

– la liberté de choix : chacun est libre d'être venu mais aussi chacun a été choisi librement par le groupe. C'est une fraternité qui n'est pas due aux circonstances, au hasard, mais librement consentie et peut-être même désirée.

– la loyauté et la confiance qui sont un des fondements de l'engagement que nous prenons.

– et, bien sûr, l'entraide et la solidarité. Mais l'entraide n'est pas fondée sur un adversaire commun ou sur le partage de difficultés communes, mais parce que nous avons la même espérance pour l'humanité.

Dans l'Article III de la Constitution du Grand Orient de France, il est écrit :

« Le franc-maçon a pour devoir, en toutes circonstances, d'aider, d'éclairer, de protéger son frère, même au péril de sa vie et le défendre contre l'injustice. »

Quel rôle peut avoir la fraternité dans ces actions d'aider et d'éclairer ? Pour l'aider et l'éclairer, il faut le comprendre, il faut de la patience, de la loyauté, de la lucidité, du recul et, je pense, de l'amour. Quand, par exemple, un Frère s'exprime, je dois l'écouter sans a priori, ce qui ne m'empêche pas d'exercer une appréciation critique et de l'exprimer, en restant en dehors de toute attitude passionnée. Pour l'aider, par loyauté, je dois lui dire la vérité (qui n'en est pas une parce qu'elle n'est jamais que mon opinion). Par solidarité, je dois trouver le moyen le plus juste (c'est à dire les mots les plus appropriés) et quelquefois le moment le plus opportun pour lui faire comprendre ses égarements. Par confiance, je sais qu'il n'y a pas derrière ces critiques un jugement, au sens où on l'entend généralement, mais un apport d'expérience, un avis, un conseil.

C'est une des différences avec le monde profane où toute critique est plus souvent perçue comme une agression que comme une aide. La fraternité est le cœur de notre relation en loge et sans elle la maçonnerie n'est plus la même. Si un frère me fait une remarque, je me dis que s'il le fait c'est qu'il le juge utile à ce moment là et donc je n'ai aucune raison de me sentir agressé ou dévalorisé parce que je sais que son intention est simplement de m'aider.

La communication est une interaction entre une émission et une réception. La fraternité me fait changer à la fois mon message et ce que j'entends, dans le sens où, sans doute, j'essaye de mettre plus de prudence dans mes propos et plus d'attention dans mes écoutes. Elle crée à mon avis cette situation où, en loge et en dehors (mais c'est toujours plus difficile à l'extérieur), chacun essaye et peut renoncer à son égo, à son désir de pouvoir, et laisser plus de place à l'autre.

Je crois aussi qu'elle existe entre tous les francs-maçons. Certes, pas au niveau des institutions, mais la fraternité n'est pas affaire d'institutions. Nous avons tous des exemples de rencontres de Frères ou de Sœurs que nous ne connaissions pas, de toutes obédiences, rencontres où nous avons perçu cette communion, cette compréhension et cette chaleur dans la relation.

S'il y a un rituel fort de la fraternité, c'est la chaîne d'union qui ne peut jamais laisser un franc-maçon indifférent. Cette fraternité entre francs-maçons n'est pas imaginaire car « tous les hommes sont frères » a dit au monde le frère Beethoven.

Il est écrit dans l'article II de la Constitution du Grand Orient de France : « La franc-maçonnerie a pour devoir d'étendre à tous les membres de l'humanité les liens fraternels qui unissent les Francs-maçons sur toute la surface du globe. »

Notre but est la fraternité universelle. Alors, c'est vrai que dans un monde où l'intérêt personnel semble primer sur le collectif, où la relation semble se dépersonnaliser et être de plus en plus médiatisée par des appareils, où dans le système économique l'argent prime souvent sur l'homme, où il y a toujours autant de conflits et de haines, où une partie du monde meurt de faim pendant que l'autre ne sait plus quoi faire de ses déchets, il faut être rêveur ou avoir de l'imagination pour parler de fraternité universelle. Mais l'homme est aussi capable de la plus grande humanité.

Brusquement, je me souviens d'avoir été étonné d'un vieux profane qui au fond d'une cave écrivait, entre autre, sur son testament philosophique, qu'il doutait d'avoir assez aimé les autres et que c'était une des raisons pour lesquelles il sollicitait son entrée en Franc-Maçonnerie. Comme j'étais présomptueux, parce que je comprends aujourd'hui que l'on n'aime jamais suffisamment l'Homme. Je peux avoir des actes, des gestes de fraternité, de solidarité, d'amour vis à vis de mes proches, de mes Frères, de mes amis, d'un étranger mais est-ce que je peux aimer l'autre simplement parce qu'il est homme et en toute circonstance ? Suis-je capable de fraternité vis à vis de tous les hommes sans exclusive ? Puis-je considérer, comme l'écrit Primo Lévi, tout homme quel qu'il soit et même mon bourreau, comme un autre moi-même. Ou encore pour Simone Weil : « Aimer un étranger comme soi-même implique en contrepartie : s'aimer soi-même comme un étranger. »

La fraternité est cet amour libéré de soi et qui libère de soi. Peut-être me mènera t-elle vers la pierre cachée ? Peut-être faut-il commencer par faire l'effort de toujours comprendre l'autre, comme nous devons déjà essayer de le faire en loge pour n'éprouver ni indifférence, ni haine, ni agressivité et avoir le souci de toujours laisser à l'autre toute sa place ?

Alors commencera pour la terre le temps de la fraternité.

Les sciences

Au XVIIIe siècle, Laplace formulait le rêve d'une intelligence qui embrasserait dans la même formule les mouvements des plus grands corps de l'Univers et ceux du plus léger atome. Une intelligence pour laquelle rien ne serait incertain, l'avenir comme le passé étant présents à ses yeux.

Descartes proposait une vision des hommes « maîtres et possesseurs de la nature ». Pour citer Luc Ferry, « Progrès de la civilisation par ceux de la raison : voilà l'espoir qui animait toute la philosophie des lumières ». L'idée de science résidait dans ce projet d'émancipation dans une marche vers le bonheur et la liberté.

Pour Newton, comme l'écrit Trinh Xuan Thuan, l'Univers n'était qu'une immense machine composée de particules inertes, soumises à des forces aveugles. A partir d'un petit nombre de lois physiques, l'histoire d'un système pouvait être tout entière expliquée et prédite si l'on pouvait le caractériser à un instant donné. Tout était irrémédiablement fixé à l'avance, aucune surprise n'était permise.

Hegel en tire cette réflexion : « Il n'y a jamais rien de nouveau dans la nature ». C'était le temps du réductionnisme où le tout résidait dans la somme des composants. L'ampleur de l'effet était invariablement proportionnelle à l'intensité de la cause et pouvait être déterminée à l'avance.

Avec l'avènement de la mécanique quantique, au début du XXe siècle, le hasard et la fantaisie entrèrent en force dans le monde subatomique. Le réel n'était plus objectif, mais dépendait de l'observateur. Le monde macroscopique ne fut pas épargné. Avec la théorie du chaos, le hasard et l'indétermination entrèrent aussi bien dans le quotidien que dans les étoiles. L'aléatoire fit irruption dans un monde minutieusement réglé.

« Une cause très petite, qui nous échappe, détermine un effet considérable que nous ne pouvons pas voir, et alors nous disons que cet effet est dû au hasard ». Par cette phrase, Henri Poincaré, en 1908, bien avant Edward Lorenz (1963), scellait le sort du rêve de Laplace.

Avec Karl Popper, nous avons appris que les théories scientifiques sont des systèmes d'idées qui portent la possibilité de leur réfutation et constituent, ainsi que l'écrit Edgar Morin, des croyances d'un degré supérieur : des croyances qui portent le doute dans leur principe même.

Pour Albert Jacquard, il n'y a pas là de recul : se débarrasser d'une illusion est plus bénéfique que de croire posséder une certitude lorsque celle-ci est provisoire.

Qu'est-ce que ces quelques repères épistémologiques peuvent inspirer au Compagnon qui médite au sens du troisième voyage ?

La règle et le levier paraissent bien dérisoires face à la complexité. Précisément, les enseignements qu'on pourrait tirer de ce bref survol résonnent, me semble-t-il, avec les valeurs qui animent et fondent nos comportements en Loge.

Fuir les certitudes et construire ses convictions dans la perspective d'une possible révision, c'est bien là le propre du Maître. Adopter une vision critique vis-à-vis de ceux qui l'ont précédé sans pour autant en refuser l'héritage mais au contraire en s'inscrivant dans une historicité qui reconnaît qu'on ne part pas de rien.

C'est ainsi que la règle et le levier peuvent nous accompagner même face à la complexité de la science, dans une réflexion sur nos propres comportements, sur notre chantier symbolique.

La règle, c'est parfois la règle du jeu celle qui loin de simplement contraindre, donne du sens, permet, autorise en toute équité. La règle c'est encore ce qui permet de vivre ensemble, de com-prendre, prendre avec l'autre et non à l'autre, de com-prendre l'autre pour mieux le re-connaître, s'inscrire dans un rapport où l'altérité devient un tout plus riche que la somme des parties.

C'est malheureusement souvent aussi celle qui interdit, qui verbalise, qui « anathèmise », qui stigmatise, qui paralyse, qui moralise, qui « Jacques-a-dit-se ». Celle qui vous démontre comme le disait Léo Ferré que ce qu'il y a de chiant dans la Morale c'est que c'est toujours la Morale des autres.

La règle, c'est également, parfois, celle qu'on se construit, pour soi, une règle du Je, sans imaginer qu'elle pourrait avoir sens pour autre que soi, dans une sorte de stoïcisme sans partage, sans volonté de l'infliger aux autres. Si, si, ça existe ! Car finalement, le symbole n'a guère de valeur intrinsèque, il est ce qu'il devient, ce qu'on le fait devenir. Il est, peut-être, cette réalité qui n'existe qu'au moment où on la regarde, cet objet qui, pour être, nécessite un sujet. La règle, c'est précisément ce qui peut nous rendre sujet non assujetti, sujet de notre propre devenir.

Le levier, l'autre outil du troisième voyage du Compagnon, exprime bien, lui aussi, cette nécessité du sujet pour qu'existe l'objet. Le levier, en soi, n'est rien : si aucune force ne l'actionne, il ne représente qu'un objet en devenir, un potentiel inexploité, rien de plus. Et pourtant, si tout à l'heure je parlais d'altérité, de celle qui permet à la somme d'être plus que les parties du tout, nous en avons là la représentation la plus évidente. Le levier, objet de force, n'en possède aucune, de force. Et pourtant, si je dois soulever un poids qui dépasse toute ma puissance, alors cet objet sans force me permet l'impossible. « Donnez-moi un levier... «

La règle et le levier, symboles d'altérité ? Vénérable Maître, permettez-moi de le penser. Si l'altérité est cette tentative incessante de comprendre l'autre, de comprendre son rapport à l'autre, ce voyage sans bagage encombrant qui mène à l'autre, qui, mieux que le compagnon peut représenter cette aspiration à rencontrer, à visiter l'ailleurs pour mieux re-visiter ce qu'il a appris, ce qu'il est ? Ce processus qui l'amènera, sans doute, à inscrire dans son univers la relativité des choses pour accepter l'idée que, peut-être ce voyage, pour n'être pas sans but, sera sûrement sans fin. Le danger qui guette notre compagnon c'est peut-être, Vénérable Maître, celui du relativisme, mais cela fera sans doute l'objet d'une autre planche.

La glorification du travail

Dans La symbolique maçonnique de Jules Boucher, il est simplement dit : « le cinquième voyage, dans les deux Rites, se rapporte au travail ». Dans le *Dictionnaire de la Franc-Maçonnerie,* Daniel Ligou parle de la Glorification du Travail en disant que cette expression n'existe guère que dans le Rituel français du grade de Compagnon : elle termine le cinquième voyage et dernier du récipiendaire et elle est étroitement lié à la Truelle, symbole du travail achevé.

Historiquement, Travail et Franc-Maçonnerie sont deux vocables indissociables. La Franc-Maçonnerie, avant et après Anderson, s'est constamment définie comme une institution voyant dans le travail un moyen de perfectionnement, un instrument indispensable à la recherche de la vérité, nous rappelle Daniel Ligou. Il poursuit en ajoutant que, de nos jours, le travail maçonnique s'entend comme un ensemble comprenant une praxis, rituelle et gestuelle, et un travail intellectuel, démarches d'ailleurs indissociables l'une de l'autre.

Ainsi le travail, maçonnique depuis Anderson, a cessé de se limiter à la construction des cathédrales. En un éclatement moderne et généreux, le travail maçonnique, sans cesser d'être attaché à un rituel et à une gestuelle spécifique, est devenu un travail à vocation universelle. Il vise également au perfectionnement, de plus en plus nécessaire, de l'homme et de la société. Il comprend deux champs d'activité : l'un à l'intérieur de la loge et l'autre à l'extérieur.

On comprend mieux pourquoi la glorification du travail n'arrive qu'au dernier voyage du Compagnon : à celui-ci, on va demander de voyager et d'aller travailler ailleurs que dans sa Loge. De plus, au grade de compagnon, on ne travaille plus comme à celui d'apprenti, sur soi-même, mais bien pour le bénéfice de tous ; alors quoi de plus naturel que de glorifier le travail à un grade qui rappelle le plus son homonyme opératif du compagnonnage et qui est fait de voyages et de travail en commun, pour apprendre des choses nouvelles et les faire partager à son Atelier. C'est son travail qui fera reconnaître le Compagnon par ses pairs et qui le préparera au travail du bien universel raison d'être de la Franc-Maçonnerie et que chaque Maître tente d'aider à réaliser.

Rappelons pour ponctuer ce tour d'horizon, l'Article IV de la Constitution : « La Franc-Maçonnerie considère le travail comme un des devoirs essentiels de l'homme. Elle honore également le travail manuel et le travail intellectuel. »

Cela dit, on voit assez bien le travail qui est effectué en Loge selon deux approches :

– l'activité « symbolistique » comportant l'application du Règlement et la pratique du Rituel. Plus ésotérique autrefois, de nos jours son contenu s'apparente bien plus à une méthode, à une discipline de travail maçonnique permettant le déroulement harmonieux des tenues.

– le travail de recherche et d'information orienté vers les problèmes sociaux, économiques, culturels, historiques, en un mot vers l'analyse de la société. Elle puise dans l'interprétation des symboles de précieux instruments de travail. Sa vocation est proprement philanthropique et progressive.

Qu'en est-il du travail à l'extérieur du Temple ? La Franc-Maçonnerie tend à s'ouvrir au monde profane en dehors du Temple pour faire connaître ses moyens et les buts qu'elle se propose d'atteindre. Elle entend ainsi apporter sa contribution à l'oeuvre d'édification d'une société plus juste et plus fraternelle, nous rappelle très justement Daniel Ligou.

Voilà le problème posé : comment aborder la question de la glorification du travail alors qu'une des questions cruciales de notre monde tourne autour de « C'est quoi le travail ? Quelles valeurs transmettre à nos enfants ? ».

Évoquons pour commencer cette phrase de Montesquieu : « Un homme n'est pas pauvre parce qu'il n'a rien, mais parce qu'il ne travaille pas ». Aujourd'hui, on voit fleurir chez les libraires de nombreux ouvrages tels ceux de Jérémy Rifkin (La fin du travail) ou de Viviane Forrester (L'horreur économique) qui, bien qu'opposés, annoncent la fin du travail.

Il me semble à moi franc-maçon que parler de la fin du travail n'a guère de sens aujourd'hui. Quelle que soit la faisabilité économique d'un tel programme, il n'intéresse personne aujourd'hui. Ce qui fait la valeur du travail, pour l'homme, c'est sa capacité à tisser du lien social comme je l'expliquais dans une précédente planche sur les associations. Mettre fin au travail, comme l'annoncent de mauvais augures, supposerait donc qu'on puisse lui substituer une autre activité d'échange entre les individus, qui bénéficie quant à son utilité sociale d'une reconnaissance analogue à celle du travail aujourd'hui. Mais une telle activité n'existe pas et nous devons plutôt nous attacher à recommander qu'à côté de la rationalité économique, on réintroduise dans le travail le discours des valeurs.

Avant de se demander si le travail constitue dans les diverses sociétés une valeur à transmettre ou à glorifier - ce qui revient au même en fin de compte - convient-il de s'assurer que le terme renvoie tout le monde à des phénomènes de même nature et à des faits comparables. Comme référence de base, je prendrai une définition de la notion actuelle de travail, donnée par l'anthropologue Maurice Godelier : « Les diverses manières inventées par l'homme pour agir sur son environnement naturel et en extraire les moyens matériels de son existence sociale ».

Ce n'est que par une analyse historique que nous pourrons comprendre pourquoi le travail aujourd'hui est le principal moyen permettant de créer du lien social et d'accéder à la réalisation de soi. Si le travail occupe une telle place, c'est le résultat d'une histoire. Autrement dit le travail est, par accident, le moyen essentiel de l'intégration sociale et de la réalisation de soi, et non par nature.

Dans l'histoire, trois étapes se sont succédé dans l'élaboration de ce que nous connaissons aujourd'hui.

Rappelons-nous d'abord qu'avant Louis XV, le travail tel que nous l'entendons aujourd'hui (confusion des deux termes travail et emploi) ne pouvait être au premier rang des valeurs à transmettre, faute d'être un élément pertinent dans la vie sociale du groupe. En effet, on retrouve dans de nombreux témoignages ouvriers ou ruraux le point selon lequel il était alors peu légitime de confondre « emploi » et « travail », car seules les activités de transformation directe de la nature pratiquées par des paysans, des manouvriers ou des ouvriers méritaient le nom de travail.

La première étape se situe donc au XVIIIe siècle : le travail apparaît à la fois comme le moyen d'accroître la richesse et comme le facteur de l'émancipation de l'individu, au moment même où la place de ce dernier est en passe d'être reconnue. Le travail n'est alors ni valorisé ni glorifié. Et Robespierre déclare : « Le travail rend la pauvreté honorable ». Dans cette optique, qui est encore celle de la Maçonnerie, le travail reste une des conditions sine qua non de la citoyenneté. Comme le dit Robespierre, l'individu qui ne possède rien sinon sa force de travail, dès lors qu'il trouve à la vendre, assure sa subsistance et vit dignement. Donc si on prend la proposition contraire qui est corollaire à cette affirmation, un individu qui refuse de vendre sa force de travail pour réclamer l'assistance des autres exige en quelque sorte de jouir de leur bien. Il s'en prend du même coup à la propriété des autres et se met en infraction avec le droit sacré de la propriété : c'est en cela que son attitude est antisociale et indigne du citoyen; elle le déshonore. Je rappelle que ceci n'est valable que dans une société où rien ne s'oppose durablement à l'accès au travail de tous. La Franc-Maçonnerie est héritière de cette vision qui date de sa création.

Les concepts du XIXe siècle incitent à transformer le monde, à le civiliser, à l'humaniser, et en même temps, à transformer l'individu en lui permettant de mettre à jour ses potentialités et de les extérioriser. L'idéologie du travail se met en place au moment même où se développent des conditions de travail inhumaines et où apparaissent les discours sur le paupérisme. Paradoxalement, le travail apparaît alors à la fois comme une véritable liberté créatrice et le symbole de l'activité humaine. A cette époque le travail devient synonyme d'œuvre : dans l'objet que je fabrique, je mets quelque chose de moi-même, je m'exprime par son intermédiaire; en même temps, il devient une oeuvre collective : en m'exprimant par le travail, je livre une image de moi-même aux autres. On est en plein dans la symbolique compagnonnique reprise par la Franc-Maçonnerie au grade de Compagnon : on voit bien ici le cheminement du maçonnique à côté du profane et de ses théories. L'activité propre de l'homme s'appelle le travail (de Marx aux libéraux, ce n'est qu'une question d'organisation) et ce dernier est l'activité fondamentalement humaine.

La troisième étape est théorisée dans le discours social-démocrate qui va faire du salaire le canal par lequel se répandront les richesses et par lequel un ordre social plus juste et véritablement collectif se mettra en place. Mais la social-démocratie qui nous inspire se fonde sur une contradiction dont les partis de gauche n'arrivent pas à sortir actuellement. Elle pense le travail comme la modalité principale de l'épanouissement humain, qu'il soit individuel ou collectif, mais elle ne se donne plus les moyens d'en faire une œuvre ; elle n'en fait pas une oeuvre collective non plus, dans laquelle le travail serait le lieu d'une véritable coopération entre les individus. Nous sommes dans la confusion des deux conceptions du travail : d'un côté le travail réel aliéné dont la durée sera réduite (les 35 heures) par la lutte politique ; de l'autre le travail libéré qui deviendra un jour un besoin, vital pour tous, en changeant totalement de sens.

En abordant par le côté historique l'idée du travail, nous nous rendons compte que le concept est le fruit d'une construction et que nous sommes victimes d'une illusion rétrospective en pensant que le travail a toujours existé. Lorsque nous parlons de travail aujourd'hui, nous ne savons pas à quelle dimension de cette notion nous faisons allusion. De plus, héritiers des Lumières, nous sommes conscients que depuis deux siècles le travail constitue le rapport social central autour duquel s'articule le contrat social.

Il est évident que l'époque actuelle est celle d'une nouvelle donne. Le travail salarié reste, dans une société de classes structurée par des rapports marchands, la seule manière d'assurer une existence honorable à celui qui ne dispose que de sa force de travail pour entretenir sa vie et nous sommes là dans l'idéal maçonnique. L'attachement au travail trouve sa source dans cette exigence, éthique autant que politique : éthique du point de vue de l'individu, politique du point de vue de la société dans son ensemble. Cette théorie percute de plein fouet le rêve hédoniste d'une existence débarrassée de la contrainte du travail. Or ce rêve-là n'est concevable que dans une société égalitaire, dans laquelle les biens, à la production desquels tous les individus valides auraient contribué également autant que nécessairement, circuleraient sur un autre mode que celui de la marchandise et se répartiraient selon les besoins de chacun. Je ne fais que vous décrire l'île d'Utopie de Thomas Moore. La question du régime du travail est donc une question politique. Travaillez à la glorification de celui-ci aujourd'hui c'est peut-être se battre pour l'égalité, pour l'Utopie de Moore.

Je voudrais conclure en disant que si l'on part du fait que le travail n'est pas la seule façon de se réaliser, si l'on pense qu'il n'est pas le mode essentiel selon lequel se tisse le lien social et s'il apparaît que la mise en valeur monétaire n'est pas la seule façon de valoriser le monde, il devient absurde de vouloir donner à toutes les activités la forme de travail, au prétexte qu'il faudrait sauver le lien social.

Le problème central de nos sociétés modernes n'est pas celui de la raréfaction de la production. C'est celui des critères de répartition des richesses produites. En conséquence, c'est le problème de l'accès de tous à ce qui constitue encore le vecteur essentiel de distribution des revenus et de la fragilité du lien social. Glorifier le travail pour un franc-maçon aujourd'hui n'est ce pas examiner comment pourrait s'organiser autrement la distribution de la richesse nationale ? Comment pourrait être recréé un lien social au moyen d'autres activités, concurremment au travail ?

Les voyages

Introduction

L'augmentation de salaire au grade de compagnon comporte cinq voyages : dans le premier, le récipiendaire découvre les cinq sens ; dans le second, les quatre ordres d'architecture ; au troisième voyage, le Rite français le rapporte à la science ; puis au quatrième voyage, il fait découvrir au néophyte l'Humanité ; quant au dernier et cinquième voyage, il se rapporte au travail, nous dit Jules Boucher.

Pour Oswald Wirth, le premier voyage est celui où on engage le Compagnon à s'entraîner à l'action par la culture rationnelle de sa puissance de volonté. Le second nous indique qu'épris d'un idéal supérieur, nous devons tendre sans cesse à le réaliser ; mais tout en ne perdant pas de vue la perfection poursuivie. Le troisième voyage est celui de la volonté, constante, calme, mais vigoureuse et surtout éclairée qui s'imposera si elle prend son point d'appui dans le dévouement absolu à une cause élevée, noble et généreuse. Le quatrième nous indique qu'il ne doit jamais y avoir rien de tortueux dans la conduite d'un Franc-Maçon ; marchant toujours droit devant lui, avec résolution, franchise et loyauté, il triomphera par la rectitude, dédaigneux de toutes les ruses obliques. Du dernier voyage, Oswald Wirth nous dit qu'il est méditatif et qu'il invite l'ouvrier à construire son propre édifice mental. Car le savoir initiatique se butine comme du miel, mais c'est en son art que s'instruit l'ouvrier, en vue d'en posséder la théorie non moins que la pratique.

Cependant, pour faire cette planche, je ne saurais oublier ce moment de mon augmentation de salaire que fut la fin où on me remit mon bagage et ma canne pour m'inviter à quitter ma loge et à partir sur les chemins. Le symbole est d'autant plus fort qu'il clôt un rituel qui a commencé par les voyages signalés plus haut. Donc après m'être trouvé un espace, après m'être senti bien, il faut partir et tout recommencer sans oublier la rigidité de la Règle que les Frères de mon Atelier m'ont donnée, gage de leur confiance. Je me suis alors interrogé sur le sens que pouvait avoir un tel voyage.

1. Départ pour un espace proche et lointain

Comment visiter le monde ? Où sommes-nous et que faire ? Par où passer pour aller où ? Naguère dans le monde profane, le savoir – ainsi d'ailleurs que les façons de l'appréhender – ne se livrait qu'à ceux qui voyageaient vers lui ; concentré dans les écoles, les bibliothèques, les laboratoires ou les campus, il attendait que des écoliers, lecteurs, chercheurs ou étudiants, viennent à lui, à grand frais. Ces distances sont aujourd'hui amoindries, nous apprenons par radio, message numérique, fax, internet… tout autant que dans des instructions stables, construites en dur.

Par ce fait je ne dois plus répondre à la question où aller ? Mais plutôt, où suis-je ? Ces canaux suffiront-ils ? Vous me répondez que non mes Frères en m'invitant à voyager physiquement. En effet, remplaceront-ils jamais la présence vivante du Maître ? La transmission d'un savoir et des expériences ou voyages d'une vie ne consiste pas seulement à les enseigner point par point et lieu après lieu, mais bien plus par une vision globale qui embrasse la culture et surtout invite à parcourir l'espace visité par nos prédécesseurs. Le monde devient donc une connaissance de fond.

2. Le voyage intérieur

On ne meurt que d'ex-ister, de quitter, de partir, de se placer sans cesse en écart à l'équilibre, de mal passer, nous dit Michel Serres. Ainsi le stable se déséquilibre, le posé s'expose. Aimant demeurer, mais fidèle à mon grade, je cherche sans cesse à quitter. Partir, visiter : le déplacement modifie l'espace perçu. Je ne peux sonder l'invisible avec mes yeux qui ne voient ni le trop grand, ni le trop petit, ni le trop près, ne le trop loin. Que de choses découvririons-nous avec des sens meilleurs !

Mais l'essentiel n'est pas là ! C'est le voyage en lui-même et non son but qui a de l'importance. L'Odyssée, le plus grand des poèmes initiatiques consacrés à la mer, a un sens complètement changé quand on y voit l'immense quête intérieure d'Ulysse qui revient à Ithaque initié aux secrets de la vie, de la mort, de la force et de la sagesse.

Où donc la vie cache-t-elle son secret, où faut-il l'aller chercher ? Deux angoisses inverses m'apparaissent générées par le mouvement qu'implique le voyage, selon que je considère le mouvement comme formant un total épuisable ou comme divisible à l'infini. Je m'explique : la première angoisse est celle du temps trop vite passé, du devenir trop rapide, de la vie trop courte, de la mort toute proche ; la deuxième, qui est plutôt une phobie, est celle du mouvement trop lent et du chemin trop long à parcourir.

Et alors que je ressens la lenteur dans l'espace comme un désespoir de ne jamais aboutir, de ne jamais atteindre le but ou même de s'en rapprocher, comme une peur de s'enliser, la lenteur dans le temps me suggère une vague promesse d'éternité. Quand il s'agit de la vie en général, je ne suis plus si pressé d'en finir, je ne demande plus tant à aller vite, ni à toucher rapidement le terme du voyage : je souhaite au contraire que la promenade n'ait pas de fin !

En fait je sais que la vie aboutira un jour à la mort, comme le mobile aboutira à sa destination, comme l'altérité aboutira à l'autre et la mutation à la nouveauté. Le présent peut paraître éternel dans le grouillement de ses instants infinitésimaux et innombrables qui compose un devenir continu.

Prenons par exemple le temps musical. Celui qui connaît la sonate anticipe le dénouement et connaît le développement de cette forme musicale : il sait que la sonate atteindra sa conclusion dans une demi-heure. Mais l'auditeur absorbé dans l'enchantement de sa demi-heure éternelle a oublié tout ce qui n'est pas la sonate et tout ce qui permettrait d'en chronométrer la durée car une extase innocente ignore les soucis et ne sait rien du minutage ni de la fin du concert... Une heure bien remplie vaut mieux que des siècles et des siècles de négligence, nous dit Ionesco.

L'enseignement du voyage serait donc celui de la vie, celui du temps qui passe beaucoup plus que celui de la distance à parcourir et c'est quelque part par là que se cache son secret pour moi. Si initiation il y a, ce serait de penser que ce qui est vécu est vécu et que ce qui est vécu reste à vivre car il faut garder intacte l'extase innocente face à notre temps qui passe.

3. Le voyage irréversible

Tandis que l'espace est réversible - je peux le parcourir dans le sens opposé et retourner à mon point de départ - le temps qui caractérise le voyage initiatique est irréversible (Ulysse une fois vainqueur de ses épreuves ne retourne pas sur ses pas ni ne s'attarde). Ainsi donc, notre voyage serait lié au temps. On ne peut parler de façon rétroactive de la tenue précédente, on ne peut corriger le sens du tracé du Frère Secrétaire lorsqu'il rapporte la tenue qui a précédé et il est impossible de prendre du sens par procuration, dans les livres par exemple, de notre société initiatique. Pas question de pouvoir retourner au point de départ, le voyage est donc bien lié au temps et non au déplacement physique. Il est une quête intérieure du sens de la vie comme je l'ai montré précédemment.

Ce voyage qui a commencé de façon symbolique par les trois voyages de l'apprenti, puis s'est poursuivi par les cinq voyages du compagnon, ne peut être recommencé ; impossible de rebrousser chemin, il va jusqu'à la mort. Je ne peux pas revenir en arrière, je ne peux pas revivre l'année précédente, tout comme le tailleur de pierre ne peut remettre de la matière sur sa pierre quand il a commencé à la tailler. Je suis donc en quête d'une vérité intérieure et c'est mon doute constant qui me permet de continuer le chemin. De même, je m'éloigne du point de départ et le souvenir même que j'en ai évolue et se transfigure.

Mon impuissance à l'égard du temps et de ce voyage qui s'écoulent, se révèle à la fois dans des expériences qui me mettent en face du passé et dans celles qui m'orientent vers l'avenir. Je peux éprouver du remords en repensant à un acte passé que j'ai cru libre et qui aujourd'hui est accompli sans retour possible ; aussi bien je peux éprouver la torture de l'attente devant l'avenir, car dans le temps je ne puis accélérer le cours des heures qui me séparent du rendez-vous de demain. Et même si je le pouvais, je le regretterais peut-être car j'abrégerais ma vie. Chaque intervalle de durée pris à part est pour nous une sorte de trajet spatial que notre propos est d'engloutir le plus vite possible ; mais la durée des durées, c'est à-dire la vie en général ne nous semble jamais assez longue.

Transposé au voyage que l'on m'invite à faire dans les autres Loges à la fin de mon augmentation de salaire, je peux tout vouloir dévorer et raccourcir le temps en visitant Loge après Loge dans un temps réduit et ainsi réduire ma propre vie car j'aurai agi sur la valeur même du temps, soit je peux attendre et goûter chaque instant comme le mélomane, et visiter dans le temps que dicte ma vie et ainsi la rendre beaucoup plus longue car riche de tous ces instants.

Pour autant, suis-je condamné à l'immobilisme ? Je ne le crois pas ! Coincé entre le passé irrémédiable et le futur fuyant devant moi, je puis en prenant conscience de ce passé, lui donner un sens nouveau et en tirer des leçons pour l'avenir. Ne suis-je pas en Franc-Maçonnerie pour la quête de cette vérité intérieure, ne suis-je pas toujours et encore perfectible ? Je le crois et c'est le sens de mon voyage. Après les stériles remords vient le fécond repentir et l'impuissance face au temps est convertie en liberté. Le temps n'est-il pas aussi la dimension du progrès ?

Conclusion… en attendant

« Heureux qui comme Ulysse a fait un beau voyage… » dit le poète, et il ajoute : « et puis est retourné plein d'usage et raison, vivre entre ses parents, le reste de son âge ». Sans doute les deux plus grandes aspirations du coeur humain sont l'enracinement et l'aventure. Pour la plupart des hommes, elles sont contradictoires. Le génie de la Franc-Maçonnerie et du Compagnonnage est d'avoir su les concilier d'une manière parfaitement naturelle, comme cela allait de soi. Et ceci explique sa puissance de séduction sur les esprits. L'enracinement, c'est la vie dans la Loge, c'est la discipline des rites, l'aventure, c'est le voyage, la visite intérieure de notre personnalité et la visite des autres Loges et des autres obédiences, comme l'est le Tour de France pour le Compagnonnage.

Pour avoir le droit de partir, il faut d'abord avoir été « adopté » par les Frères comme Compagnon. L'Apprenti doit d'abord faire ses preuves. Les premiers pas à l'extérieur sont alors comme les premiers pas dans l'âge adulte, symbolisés dans notre initiation. Le Compagnon quitte la Loge qu'il fréquente et prend l'entière responsabilité de lui-même. Ce départ, comme il est si bien symbolisé dans notre augmentation au deuxième grade, a un goût de liberté, la saveur du risque, auxquels se joignent la joie de la fraternité des autres Frères et la fierté d'appartenir à la Franc-Maçonnerie.

Aucune pédagogie, aucun système d'apprentissage n'a sans doute jamais donné aux hommes une joie comparable à celle que procure l'entrée dans la vie maçonnique. Nous partons homme et nous revenons Homme. Le voyage a pour but l'approfondissement de la connaissance de soi-même et aussi celle des rites et usages des autres Loges ou Obédiences. Mais cette connaissance est beaucoup plus qu'un savoir livresque : c'est une expérience de vie par un certain type de relations aux hommes, de présence à la société. C'est se donner une vocation au sein de la Cité. Il ne s'agit pas ici de tourisme, mais de beaucoup plus que cela. Là où d'autres font du tourisme simplement pour se distraire, le Compagnon cherche à s'instruire et à éveiller sa conscience. Il devient son propre arpenteur du temps, de son temps, il vit ce qui est vécu et ce qui reste à vivre.

Le départ rituel du compagnon

Le départ du compagnon (extraits d'un rituel)

Vénérable
– Frère Maître des Cérémonies, conduisez notre nouveau Frère Compagnon entre les Colonnes.
Ceci fait.
Vénérable
– Frère second Surveillant, estimez-vous le Frère Compagnon prêt à voyager ?
Second Surveillant
– Pas encore Vénérable Maître, car il n'a pas de sac.
Vénérable
– Qu'on lui remette son sac.
Le Frère Maître des Cérémonies lui remet un sac.
Vénérable
– Frère premier Surveillant, estimez-vous le Frère Compagnon prêt à voyager ?
Premier Surveillant
– Pas encore Vénérable Maître, car il n'a pas d'outils.
Vénérable
– Qu'on lui remette ses outils !
Le Frère Maître des Cérémonies lui remet ses outils.
Vénérable
– Frère Hospitalier, estimez-vous le Frère Compagnon prêt à voyager ?
Hospitalier
– Non, Vénérable Maître, car il n'a pas de viatique.

Vénérable

– Qu'on lui donne son viatique !

Le Frère Maître des Cérémonies lui donne une miche de pain.

Vénérable

– Frère Maître des Cérémonies, estimez-vous le Frère Compagnon prêt à voyager ?

Maître des Cérémonies

– Pas encore, Vénérable Maître, car le chemin est peu sûr et il n'a pas encore de canne pour se défendre !

Vénérable

– Qu'on lui remette sa canne !

Le Frère Maître des Cérémonies lui remet une canne.

Vénérable

– Frère Orateur, estimez-vous le Frère Compagnon prêt à voyager ?

Orateur

– Non, Vénérable Maître, car il n'a pas encore de nom !

Vénérable

– Dans ce cas, Frère Orateur, veuillez lui donner son patronyme.

Orateur

– Mon Frère N..., pour les Frères de l'Atelier tu seras désormais.... .

Vénérable

– Mon Frère Compagnon... , te voilà maintenant prêt à voyager à travers le monde. Va, poursuis ta quête et reviens-nous avec ton chef d'oeuvre.

Le Frère Compagnon salue par le signe de son grade les trois Lumières de la Loge et quitte le Temple, la porte ayant alors été ouverte par le Frère Couvreur. La tenue se termine sans lui.

La malle à quatre noeuds

« Aucun apprentissage n'évite le voyage » écrit Michel Serres dans *Le Tiers-Instruit.* Le Tour de France est ainsi le mode majeur de transmission des connaissances chez les compagnons, mais il relève autant de l'honneur que de l'épreuve. En groupes constitués en affinité ou isolément, les compagnons sur le Tour sillonnaient ainsi des chemins leur baluchon sur le dos. Ce baluchon était également appelé « malle à quatre noeuds » car c'était le plus souvent un grand tissu noué et attaché par les quatre angles à la canne du Compagnon. Dans ce baluchon étaient généralement transportés les affaires personnelles.

Au Musée du Compagnonnage de Tours, est d'aileurs exposé un tableau (huile sur toile) peint par Bellet du Poisat intitulé *Le départ d'un Compagnon Charpentier au XVIe siècle*. L'artiste a représenté une scène classique du Tour de France, la conduite en règle. Le partant a mis sur son épaule sa malle à quatre noeuds et devant lui deux gamins portent le coffre à outils...

Tout naturellement, le trajet traditionnel des Compagnons, évitant les régions trop rurales ou trop industrialisées, recoupait celui des pèlerins, des colporteurs, des soldats licenciés, des musiciens ou des journaliers agricoles. Peu pourvus d'argent, en proie aux tracasseries de la maréchaussée qui les assimilait facilement à des vagabonds, ils utilisaient quand ils le pouvaient le coche d'eau ou la patache - plus tard le chemin de fer - pour abréger leur chemin. Hommes qui passent, les jeunes compagnons apprenaient à conquérir leur autonomie jusque sur les lieux de travail et ils revendiquaient par leurs déplacements le libre choix de leur employeur.

« L'artisan ne dépend que de son travail : il est aussi libre que le laboureur est esclave » prétend Jean-Jacques Rousseau qui explique : « Et si l'on veut les vexer, leur bagage est bientôt fait ; ils emportent leurs bras et s'en vont ».

Mais l'abandon du cadre familial n'était pas un refus d'intégration, bien au contraire. Temps de probation, le Tour de France était un passage obligé pour se poser en adulte. L'itinéraire se déployait dans un cadre rigide avec référence à un travail et à une communauté d'accueil. Au contraire du vagabond sans attaches (sans aveu comme le précise le Code pénal), le compagnon se soumettait volontairement à un Ordre.

Le périple du Tour conduisait donc le compagnon de cayenne en cayenne, chez la Mère où il devait présenter son affaire. Au départ de chaque ville, après plusieurs mois d'apprentissage à des méthodes de travail et à des procédés de fabrication très variables, ses pays lui faisaient la conduite et reprennaient avec lui *Le Battant aux champs* :

Frère, commande l'Assemblée,
Rouleur annonce mon départ.
Vite, déploie la livrée :
Qu'elle me serve d'étendard.
Sur les champs, le Devoir m'appelle :
Il m'ordonne, il faut obéir.
A ses lois, mon coeur est fidèle.
Ainsi frère je dois partir.
Chers compagnons, puisque le Tour de France
Conduit au vrai talent, conduit à la vraie science,
A toute heure, chers Dévorants,
Soyons toujours dispos à battre aux champs.
A peine assemblés chez la Mère,
Le rouleur est arrivé
Qu'à l'instant même chaque frère
De ses couleurs est décoré.
Bientôt cette joyeuse troupe,
Avec un silence imposant
Autour de mon sac forme un groupe
Qu'on voit se dissoudre en chantant.
Chers compagnons, puisque le Tour de France
Conduit au vrai talent, conduit à la vraie science,
A toute heure, chers Dévorants,
Soyons toujours dispos à battre aux champs.

A noter que chez les compagnons Chapeliers, lorsque l'un d'entre eux était remercié et débauché, on disait de lui qu'il était sacqué : il ne lui restait plus qu'à prendre son sac et rejoindre une autre ville du Tour de France.

Mais qu'en est-il chez nous Francs-Maçons ? En fait, le nouveau Compagnon n'effectue par son Tour de France. Certaines Loges, comme la nôtre, lors de l'augmentation de salaire, invitent de façon rituelle le frère à voyager. La plupart du temps, il est convié à visiter, seul s'il le souhaite, les différentes Loges de son obédience ou des obédiences amies. Il peut ainsi découvrir les différents rites et rituels, d'autres façons de travailler, mais également faire connaissance avec d'autres Frères et Soeurs le cas échéant.

Il est à noter que nous avons eu, il y a quelques mois, comme visiteur un Frère Compagnon de la Grande Loge de France. Celui-ci s'est présenté avec un document officiel de son Atelier : il ne devait revenir dans sa Loge qu'après une période de trois mois et après avoir rendu plusieurs visites authentiquées par le sceau apposé par chaque Vénérable des Ateliers concernés. Cette démarche nous est apparue suffisamment originale pour que nous en parlions.

Le pain

Prendre de la farine, de l'eau, du sel ; ajouter un ferment (levure ou levain) ; pétrir la pâte obtenue et mettre dans un four chaud : le pain est fait.

« Le pain est la nourriture essentielle, il rappelle que le corps a besoin de force », dit Daniel Beresniak. Ainsi seul dans le cabinet de réflexion, l'initié ne néglige pas les nourritures terrestres, mais il sait qu'elles ne sont pas une fin en soi.

« Sans farine, pas de connaissance et sans connaissance, pas de farine », précise le Talmud. Tout commence, semble-t-il, il y a 100 000 ans. Les hommes d'abord cueilleurs, puis chasseurs, apprennent à respecter les sols à céréales sauvages, et, bientôt celles-ci sont sélectionnées, puis cultivées.

Il est donc probable que la fabrication du pain a pris naissance avec la civilisation elle-même. Les populations se sédentarisent, l'agriculture et l'élevage se développent, la charrue vient symboliser la synthèse des civilisations pastorales et agricoles. Les ancêtres lointains du blé sont : l'engrain et l'amidonnier. D'autres céréales sont alors cultivées de par le monde.

De civilisation en civilisation, la symbolique du pain va s'affirmer. A l'origine, on utilisait pour la cuisson du pain une pierre plate chauffée fortement sur laquelle on déposait des galettes sans levain, appelées azymes chez les juifs et utilisées encore aujourd'hui avec un sens religieux pour la pâque juive.

L'introduction en Egypte est ancienne. On doit aux Egyptiens l'invention du four, d'abord creusé dans le sol, puis bâti. Il y a 4000 ans à Thèbes, on évoquait déjà le pain : « Donne du pain à celui qui n'a pas de champ, alors tu recevras un beau nom pour l'éternité. »

Dans la Grèce antique, Demeter, déesse de la terre et de la fertilité, séparait le grain de sa balle par le souffle du vent et incarnait la vie éternelle, notamment dans le sanctuaire d'Eleusis, où s'intriquaient rites agraires et rites eschatologiques.

A Rome c'est Cérès qui est la déesse de la terre et donc de son fruit, le blé. A Argos, où brillait le culte d'Héra, les épis de blé s'appelaient « fleurs d'Héra ».

Les lieux spécifiques où l'on vend le pain n'apparaissent qu'en 212 avant Jésus-Christ (guerre contre Persée). Les citoyens romains cuisaient eux-mêmes leur pain. C'est sous Trajan (98 après Jésus-Christ) que la corporation des boulangers publics voit le jour. Le pain est un enjeu essentiel de la vie sociale (panem et circences). Les boulangers sont des fonctionnaires de l'empire.

De l'Italie, l'usage du pain au levain se répand dans toutes les autres parties de l'empire.

En France, ce sont les institutions religieuses qui conservent secrètement les techniques des Romains.

C'est au 12e siècle qu'apparaît le moulin à vent et que naît le mot boulanger qui vient du picard « boulenc » (qui fabrique du pain en boule).

Au Moyen âge, l'Europe est ravagée par les famines. Les techniques agricoles sont rudimentaires, la famine est considérée comme une punition du ciel. Une forte connotation religieuse accompagne le pain. Il est honoré, préservé et demeure au centre du mystère de la communion.

« Le pain, comme l'eau, symbolise la vie éternelle, la résurrection car ces nourritures sans doute terrestres sont également célestes. En les abordant, l'individu acquiert de nouvelles vertus ».

Le commerce du pain était jadis strictement réglementé. A Paris, avaient seuls le droit de pétrir et de débiter le pain, les maîtres de la corporation des boulangers dits, jusqu'au milieu du 14e siècle, les « Tamisiers. » Les boulangers étaient tenus de marquer le poids exact sur chaque pain ; le plus petit était de 2 livres, le plus gros de 12.

On peut dire sans mauvais jeu de mots que le pain fut le levain de la Révolution française :

Au début du XVIIIe siècle, la consommation du pain est de 700 g par personne adulte (125 g de nos jours) et représente à l'époque la moitié du budget d'une famille populaire.

1709 : L'hiver est terrible, c'est la grande famine ; les paysans n'ont plus de pain, même noir.

1729 : Le contrôleur des finances garantit le monopole des grains à une compagnie qui crée des disettes factices.

1775 : « Guerre des farines », Turgot décrète la libre circulation des grains, pour que cesse la spéculation.

1788 : Mauvaises conditions climatiques et mauvaises récoltes ; le prix du pain est exorbitant.

1789 : Le peuple attaque la Bastille, espérant y trouver de la farine. Marie-Antoinette s'écrie : « S'ils n'ont plus de pain, qu'ils mangent de la brioche ». C'est au cri de « nous ramènerons le boulanger, la boulangère et le petit mitron », que le peuple de Paris se dirige vers Versailles le 5 octobre 1789.

1793 : Danton signe un décret punissant les accapareurs de pain. Création du « pain de l'égalité ».

1848 : Avènement de la seconde république, les progrès réalisés en agriculture sont considérables, de même qu'en meunerie. Le rendement passe de 40% à 70%, c'est le tournant céréalier.

Les religions ont très vite compris l'intérêt du pain en tant que symbole. Quoi de plus facile qu'utiliser la nourriture matérielle la plus quotidienne qui soit, pour en faire un symbole spirituel majeur et adjoindre l'aliment incontournable depuis la nuit des temps, à la croyance : « Tu manges parce que je le veux bien ».

Philipe Seringe écrit : « Dans l'épi divin, réside plus et mieux qu'une nourriture physique, en lui mûrit l'aliment surnaturel qui vivifie les âmes. »

Ainsi l'ancien et le *Nouveau Testament* regorgent-ils de citations et de références au pain, source de vie et d'élévation.

Le pain, symbole de la communion, occupait une place de choix dans les rites compagnonniques. Compagnon proviendrait du latin populaire compaionem ou cum panem, c'est-à-dire « celui avec lequel on partage le pain » : les compagnons partagent donc le pain.

C'est là un acte d'amour, le pain étant le fruit du blé, dont le grain enfoui éclate, se désagrège puis donne germination à un lourd épi aux grains nombreux.

Le grain ne meurt pas, mais se reproduit toujours plus abondant. Le blé, fruit de la terre fécondée par l'eau, s'épanouit dans l'air, offert à Osiris par Demeter. Le grain de blé symbolise alors l'enfouissement de la matière qui se désagrège pour redonner la vie.

Ainsi, les religions, surtout judéo-chrétiennes, foisonnent-elles de références au pain. Voici quelques morceaux choisis.

De l'*Ancien Testament.*

Le jugement d'Adam : « A la sueur de ton front, tu mangeras le pain ».

Ruines de Sodome : « Deux anges entrèrent à Sodome, Lot leur offrit le gîte, fit cuire du pain sans levain et ils mangèrent. »

Livre de Ruth : Noémi avait un parent vaillant et courageux, il s'appelait Booz. Ruth dit à Noémi : « je t'en prie, laisse-moi aller aux champs glaner des épis derrière celui aux yeux de qui j'aurai trouvé grâce. » Ce champ appartenait à Booz. Booz dit : « Approche ici, et mange ce pain. » Il avait pardonné à celle qui glanait derrière ceux qui avaient moissonné. Plus tard, Booz épousa Ruth.

Les Nombres 14.15 : Yahweh parla à Moïse : « Lorsque vous serez entrés dans le pays où je veux vous conduire, et que vous mangerez de ce pain, vous prélèverez une offrande pour Yahweh, de génération en génération ».

Le Lévique 23.24 : « Tu prendras de la fleur de farine et tu en feras cuire 12 gâteaux, chaque gâteau sera de 2 dixièmes. Tu les déposeras en 2 piles, 6 par pile sur la table d'or pur devant Yahweh. Chaque jour de sabbat, on déposera ces pains devant Yahweh de la part des enfants d'lsraël, en vertu d'une alliance éternelle ». Il s'agit là du pain azyme ou pain à chanter ou encore pain aux propositions. On retrouve la même symbolique dans l'Exode.

Des Evangiles.

Livre de St Mathieu : « Or, le soir venu, les disciples s'approchèrent de lui en disant : L'endroit est désert et l'heure déjà bien avancée, renvoie donc les foules, qu'elles s'en aillent dans les bourgs s'acheter de quoi manger ». « Nous n'avons que 5 pains et 2 poissons ». Vous connaissez la suite, il nourrit ce jour-là 5 000 personnes et il y eut récidive plus tard.

Livre de St Marc : « Pendant qu'ils mangeaient, il prit du pain et après avoir prononcé la bénédiction, le rompit et leur donna en disant : Prenez et mangez, car ceci est mon corps. »

S'il fallait reprendre ici tout ce qui, de près ou de loin, se rapporte au pain dans les saintes écritures, il faudrait réécrire pratiquement toute la Bible.

Mais n'oublions pas le complice, l'alter ego du pain, notamment dans la communion de la Cène, le vin. Pas de repas sans pain, pas de repas sans vin. Tous deux issus de la terre, tous deux produits par le travail de l'homme, produits par l'effort, la réflexion, la persévérance humaine pour s'élever et se réaliser, s'allier à la terre, qui, sans lui, ne donnerait que des friches.

Le pain s'associe aussi à l'eau. Le sage doit apprendre parfois à se soustraire aux plaisirs de ce monde par la mise à la diète.

Patrick Négrier nous dit que « les symboles du pain et de l'eau sont étroitement associés dans le cabinet de réflexion comme ils le sont dans la bible : ils seraient probablement dans la Franc-Maçonnerie empruntés à celle-ci ».

De tout temps, l'homme a compris l'intérêt nutritif du pain, sa nécessité vitale. A tel point, que le nombre d'expressions ayant le pain pour centre est incroyablement important. En voici quelques-unes :

– Avoir du pain sur la planche ;
– Gagner son pain à la sueur de son front ;
– Long comme un jour sans pain ;
– Bon comme du bon pain ;
– Faire passer le goût du pain ;
– S'ôter le pain de la bouche ;
– Manger son pain blanc…

Il existe de nombreuses variétés de pain, dont la forme et la structure ont été mises au point en fonction des cultures céréalières locales et du goût du consommateur. Le pain reçoit des noms marchands, d'après sa nature, sa région : pain blanc (fait de fleur de farine), pain bis, pain de seigle, pain complet, pain de mie, pain de gruau, azyme, pain polka, pain moulé, pain rond…

Dans le cabinet de réflexion, nous n'y trouvons pas du blé, mais du pain, aliment créé par l'homme à partir d'un produit naturel. Il faudra à l'homme semer, récolter, moissonner, battre les épis, séparer le bon grain de l'ivraie, broyer le grain, bluter la farine qui deviendra le pain, qui deviendra la vie. Ainsi le pain et le grain gardent leur mystère…

La canne compagnonnique

« La canne, gage précieux
De la valeur et de la gloire,
La canne fait mille envieux
Sur la route de la victoire !
L'esponton vil tremble et pâlit
A son aspect, lui le profane,
Aspirant, mon coeur a tressailli
En voyant la première canne. »

Chanson de P. Calas, Languedocien L'Ami des Filles, Compagnon Cordier du Devoir (XIXe siècle)

La canne est indissociable du Compagnonnage et du Compagnon pour qui elle représente l'objet le plus important de son décor, si on y associe les couleurs. Canne et couleurs constituent une véritable carte d'identité pour le compagnon qui les porte. Elles doivent se mériter; c'est pour cela que la canne en général consacre le compagnon fini, qu'elle fait la fierté de ce dernier et qu'elle l'accompagne partout, sur le tour de France, lors des cérémonies et au cours des tenues en chambre de compagnon.

Pour donner un exemple de son importance, Barret rapporte une anecdote où un compagnon privé de sa canne demanda à l'aspirant de ne pas prendre son bâton de marche habituel : « Comme on vous prendrait pour le compagnon et moi pour l'aspirant, je ne pourrais aller avec vous ».

Rappelons que le compagnon est un ouvrier en quête perpétuelle de perfectionnement qui doit parcourir en permanence les routes, aller de région en région afin de parfaire son métier, et comme le disait un maréchal- ferrant : « Un compagnon du tour de France, c'est fait pour voyager et non pour tourner autour du clocher ».

Quelles que soient les civilisations, la canne a toujours été associée au pèlerin, au passant. Celui-ci est un noble voyageur qui, muni d'une canne, parcourt les chemins de la connaissance. Mais le passant, c'est aussi celui qui passe, qui transmet son savoir. Dans cet esprit, la canne est donc un symbole de connaissance et d'investiture.

En effet, dès que le compagnon arrête son tour de France, en général pour s'installer, il est remercié au cours d'une cérémonie avec un rituel particulier et prend alors l'appellation d'ancien, mais cette retraite n'implique pas une rupture complète avec le compagnonnage. Ainsi, au sens strict du mot, le compagnon est celui qui pratique le tour de France, la canne représentant son bâton de pèlerin.

D'une manière générale, il y a trois degrés dans le Compagnonnage : aspirant ou jeune homme selon le rite, puis compagnon reçu et enfin compagnon fini. Les trois font le tour de France, mais comme je l'ai dit auparavant, la canne n'est obtenue qu'au troisième degré. Il est à signaler qu'un compagnon ne peut être fini dans la ville où il a été reçu. Alors que les couleurs sont remises lors de l'initiation, c'est-à-dire lors de la réception comme compagnon, la canne sera choisie par le compagnon qui l'achètera lui-même, évidemment en respectant les spécificités de son rite et de son métier.

Les origines de la canne compagnonnique

L'origine à travers les légendes et les interprétations peut remonter loin, c'est-à-dire aux trois fondateurs du Compagnonnage, mais certains auteurs, et cela n'engage qu'eux, la font remonter à la préhistoire, comme ce fils de compagnon, qui par ailleurs se fit proclamer grand maître d'un rite fondé par lui, faisait remonter l'origine compagnonnique à la préhistoire car il avait photographié dans des grottes « des bâtons de commandement » (traits accotés de deux points diversement placés). En fait, le Compagnonnage fait remonter l'origine de la canne aux origines mêmes du Compagnonnage, ce qui paraît logique, et là, peu importent l'éventuelle authenticité et la part de légende.

Au rite des enfants de Salomon, les trois parties de la canne rappellent le crime de Maître Hiram : le pommeau symbolise le maillet d'Holem avec lequel il frappa celui-ci, le jonc représente la règle de Sterkin avec laquelle il s'est acharné et l'embout métallique est le levier avec lequel Hoterfut acheva le Maître. Les assassins enterrèrent d'ailleurs la canne d'Hiram à part du corps, dans une fosse.

Au rite de Maître Jacques, la canne rappelle le jonc qui lui sauva un jour la vie; dans une autre version elle représente le petit jonc marin que portait Maître Jacques et qui renfermait des instruments de mathématiques.

Cette canne ou bâton compagnonnique est le vecteur de nombreuses significations.

Pour l'initié, elle est insigne, emblème support d'une reconnaissance particulière, elle se nourrit d'un certain symbolisme. Mais il est évident qu'elle puise aussi dans des aspects profanes.

Le bâton est l'emblème de l'autorité, du pouvoir, de la prise de possession, de la puissance et de la virilité. Il est !e sceptre signe de prince, son autorité royale, la crosse de l'évêque, le bâton du maréchal, la baguette du chef d'orchestre. Le grand maître des cérémonies brisait son bâton sur son genou aux obsèques du roi en criant par trois fois : « Le roi est mort ».

Les bergers portent la houlette afin de guider leur troupeau. Elle accompagne évidemment tous les voyageurs : le pèlerin sur la route de Saint-Jacques de Compostelle, le vagabond, le Juif errant, c'est le bâton cloué d'or de la Sara des Bohémiens, eux aussi grands voyageurs. La canne ferrée rappelle pour d'autres la lance des Templiers.

Celui qui la possède est en fait investi d'une mission. La canne rappelle en permanence au compagnon qu'il se trouve constamment en marche, en quête, son voyage étant orienté vers le Beau, matériel et spirituel.

Mais la canne peut-être aussi synonyme de violence et d'oppression, il apparaît dans le terme de bastonnade qui est un rite de vengeance. C'est une arme et son maniement est devenu un sport. Jacques Brengues note qu'arquebuses et mousquets ont été nommés bâtons de feu.

C'est encore un instrument de mesure, de rectitude, c'est un soutien utile au vieillard et au handicapé.

Il est évident que le Compagnonnage a récupéré certains aspects profanes de la canne en général, car il ne faut pas oublier que si ces hommes étaient issus de la classe populaire, ils se revendiquaient d'une élite ouvrière, l'épée ne leur étant évidemment pas autorisée.

Dans le Compagnonnage, la canne symbolise le voyage, la rectitude. C'est aussi une marque d'honneur et une arme.

Voici ce qu'écrit le compagnon Henri Cevey à propos de la canne :

« Notre canne est un labyrinthe comme celui de la cathédrale, elle est la règle à vingt-quatre pouces, passage direct du coq au puits. Elle nous soutient durant notre « Tour » et nous aide à chercher l'entrée au mystère de la grotte ; ainsi elle nous permet de visiter l'intérieur de la Terre où en travaillant par la Géométrie nous découvrirons la Pierre des Maîtres Compagnons, n'oubliant pas que ce travail ne peut s'accomplir qu'au rythme de la musique des Sphères qu'un Maître Forgeron appelé Tubalcaïn composa pour nous, il y a bien longtemps. »

Martin Saint-Léon place cannes, couleurs, boucles d'oreille dans les insignes du Compagnonnage ; leurs aspects, leurs nuances varient selon les différents rites et métiers. Ces différents insignes permettent au compagnon de se faire reconnaître, alors qu'équerre et compas sont des emblèmes publics du Compagnonnage tout entier. Les autres emblèmes, tels l'étoile à cinq branches, le livre, le maillet, la rose, l'acacia… sont appelés emblèmes mystiques par Saint-Léon, leurs secrets n'étant divulgués qu'aux initiés.

Le rôle de la canne dans les rituels

Elle est présente partout : sur la route du tour de France, à l'honneur lors des cérémonies, comme langage caché pour communiquer entre initiés. La canne participe à toutes les phases du rituel. La canne se porte toujours de la main droite, le pouce devant généralement cachant ainsi la pastille et rendant de la sorte le message gravé invisible aux yeux des profanes. Il y a treize manières de porter la canne et chacune d'elles a une signification particulière, permettant aux compagnons de se reconnaître, de s'apprécier et de se confronter.

Les voici :

– Etendre la main sur le pommeau signifie : paix, confiance et force.

– Présenter l'embout : provocation.

– Présenter l'embout la nuit : prévoyance.

– Tenir la pomme en bas : guerre à mort.

– Tenir la canne par son embout et la traîner trois fois à terre traduit un profond mépris.

– Tenir la canne par son milieu, l'embout en avant : signe provocateur annonçant une attaque verbale.

– Tenir le pommeau au front : marque de salut fraternel.

– Tenir la canne par le milieu, puis l'incliner pomme vers l'avant exprime la solidarité.

– Tenir la canne droite, l'embout à l'extrémité du pied droit, puis la passer de la main droite dans la main gauche : « J'accepte un service ».

– Garder, en marchant, le pouce sur la pomme signifie confiance.

– Amener la pointe de l'embout au talon marque une déférence.

– Tendre la main gauche en gardant la droite sur la canne traduit le mépris.

– Tendre la main droite avec le cordon de la canne passé au poignet : amitié loyale.

Ce langage de la canne était utilisé sur les routes du tour de France : quand un compagnon en croisait un autre, il pratiquait le topage qui consiste en un tuilage réciproque.

La canne participe lors du rituel de loge ou de chambre. Par exemple, quand un compagnon arrive dans une ville, il est prévu ce qu'on appelle l'entrée en chambre, correspondant à la présentation du frère de l'atelier.

C'est le rouleur qui amène le nouveau venu : il frappe un léger coup de canne par terre puis tous deux se dirigent vers la porte de la chambre : un coup à la porte, le premier en ville répond par un second coup sur la table, alors l'arrivant frappe trois coups sur la porte (un lent et deux précipités), la porte s'ouvre et commence alors le tuilage.

Il est à noter que les épées n'existent pas dans les chambres de compagnons, elles sont remplacées par les cannes. Le rouleur y tient l'office de maître des cérémonies.

Voici quelques situations parmi les plus importantes où le rôle de la canne est central :

Le topage : il correspond au rituel de reconnaissance et s'adresse tout d'abord à la mère et au rouleur, il précède le rituel d'entrée en chambre. Mais le topage varie selon les rites. Le nouvel arrivant tient son sac dans la main droite et sa canne dans la main gauche, il marche trois pas en équerre en fixant le pommeau de sa canne. S'il s'agit de compagnons de même rite, chacun trace avec sa canne le symbole du rite, puis les cannes sont croisées, pommes de même côté, et mises à terre. Ensuite les deux compagnons s'enlacent, la bouche de l'un sur l'oreille de l'autre pour échanger les paroles du rituel.

La guilbrette : c'est la cérémonie du baiser fraternel, symbole d'union et de paix. Seuls les compagnons finis peuvent comprendre la guilbrette. Elle est utilisée lors de cérémonies sur les chantiers et dans les ateliers pour se reconnaître entre compagnons, pour transmettre au frère quelque chose qui ne doit pas être su des profanes, lors des conduites et des cérémonies funèbres.

Les compagnons forment un cercle, le dignitaire vient se placer devant l'autel avec sa canne et se met à l'ordre ; il frappe un coup sur le plancher, le rouleur à cette invitation va se placer à trois pas de distance du dignitaire, à l'ordre, la canne à la main, l'embout touchant le pied droit. Ils se font une salutation en penchant la canne à gauche, puis à droite, puis ils élèvent les cannes de manière à ce que l'embout de l'une touche la pomme de l'autre. Ils font ainsi un pas en avant, déposent à terre les cannes qui par ce mouvement se trouvent croisées, puis ils se relèvent précipitamment, portent la main en griffe sur le coeur, se déplacent de nouveau afin que leur pied droit se pose dans chacun des triangles formés par les cannes. Ils se donnent le mot de passe et ensuite le baiser fraternel. Ils se séparent, reprennent leur canne et se saluent.

Lors d'une cérémonie funèbre, la guilbrette se pratique avec les cannes plantées en terre près du cercueil. Lors d'un enterrement, le cercueil est souvent porté par six compagnons. Il est paré de cannes en croix, de l'équerre et du compas entrelacés, des couleurs de la société. Les compagnons suivent le cortège en tenue avec un crêpe noir au bras gauche et à la canne. Ils frappent le pavé en battant la mesure. Arrivés au cimetière, ils font un cercle autour du cercueil, l'un d'eux prend la parole en rappelant les vertus, les qualités et les talents du défunt. Après une courte prière, on descend le cercueil en terre puis l'on place deux cannes en croix près de la tombe et deux compagnons font la guilbrette.

Lors du mariage d'un compagnon, une voûte de cannes salue le jeune couple à la sortie de l'église ou de la mairie.

La conduite : c'est-à-dire quand un compagnon quitte une ville. Il est accompagné au dehors de la ville par ses frères, armés de leur canne, parés de couleurs, chargés de verres et de bouteilles de vin. Cette occasion donne lieu bien sûr à une cérémonie dont les aspects varient selon les rites. C'est en général le rouleur qui la dirige.

Chez les compagnons du Devoir existe une règle concernant la reconnaissance de la canne sur le champ de la conduite. Le partant qui prend la route pose sa canne à terre et continue son chemin. Le rouleur court, prend la canne et part devant. Il attendra le compagnon pour lui poser des questions :

– « A quoi reconnaissez-vous cette canne ? »

– « Je la reconnais par la vue et la lumière que Dieu m'a données. »

Il est ensuite interrogé sur la pomme et le cordon :

– « A qui est cette canne ? »

– « Elle est à moi l »

– « Et la pointe ? »

– « Elle est pour les gavots et espontons et tous ceux qui les soutiendront ».

Le rouleur remet la canne au partant et ils se quittent. Alors se joue la scène symbolique que l'on pourrait nommer la tentation du partant : tous l'appellent en vain, s'efforcent de le retenir puis entonnent un chant de départ ; il devra poursuivre fièrement son chemin sans se retourner pendant que la conduite revient en ville et en bon ordre.

Un cas particulier, la conduite de Grenoble : celle-ci était appliquée pour une faute entachant l'honneur du délinquant, les abus de confiance, escroqueries, la filouterie (par exemple le vol d'un compagnon ou d'une mère). Elle constituait la pénalité suprême. L'accusé, à genoux, devait avaler de l'eau pendant que les autres compagnons buvaient du vin (à l'exception des voleurs) ; quand il ne pouvait plus boire, on lui jetait de l'eau à la figure, puis on brisait le verre dans lequel il avait bu, et si l'accusé était compagnon, on brûlait ses couleurs et sa canne était brisée. Il devait jurer qu'il ne se vanterait jamais d'avoir appartenu aux compagnons du Devoir. On le faisait ensuite relever, il passait devant chacun qui lui donnait un léger soufflet. Il faisait un second tour précédé par une canne avec laquelle chaque compagnon le touchait dans le dos et pour finir la porte était ouverte et il était chassé, le rouleur lui bottant le postérieur avec son pied.

A coté de ces différentes utilisations rituelles de la canne, il en est une plutôt profane et non la moindre et qui consistait à se servir de la canne comme outil de combat, lors de rixes plus ou moins légitimes selon les circonstances. Il est vrai que les routes étaient peu sûres à cette époque et beaucoup de brigands les parcouraient : en fait, sur ces routes, les compagnons ne devaient représenter que de maigres butins.

C'étaient surtout les rixes qui opposaient les compagnons de divers rites et il n'était pas besoin de motifs particuliers si ce n'est la différence de rite. Ces combats ont, tout au long des siècles, ensanglanté le Compagnonnage. C'est ainsi qu'Agricol Perdiguier rapporte que, dans chaque Compagnonnage, on apprenait à manier la canne, le bâton, afin d'assommer prestement son homme et de s'emparer de ses couleurs.

De nombreux poèmes ont été écrits à la gloire de la canne et des combats victorieux comme celui-ci rapporté par Barret et Gurgand :

« Canne chérie, a mes amours,
En toi j'ai mis ma confiance
Puisque tu protégeras mes jours
En voyageant au Tour de France.
J'aime ta superbe longueur
Et ton embout, l'effroi du crâne
Qui souvent sur le champ d'honneur
sut rendre ton maître vainqueur ».

Certaines sociétés comme celle des chapeliers revendiquaient le droit de porter l'épée au nom du droit à l'équipement du voyageur. Il semblerait que certaines cannes auraient été des cannes-épées ; quoi qu'il en soit, lors de rixes entre compagnons, certains utilisaient la pointe du compas.

Pour conforter le côté combatif des compagnons, rappelons

une anecdote survenue à Agricol Perdiguier qui fut probablement un des compagnons les moins guerriers et des plus pacifistes. Celui-ci raconte qu'une nuit, ayant omis de fermer la porte de sa chambre, un intrus y pénétra. Réveillé par le bruit, Perdiguier bondit sur sa canne, se mit à la faire tournoyer, réalisant des moulinets, frappant sur les meubles et fit ainsi fuir son voleur. Cette démonstration témoigne de la vigilance dont faisaient preuve les compagnons pour leur sécurité et de leur habileté à manier la canne.

A quoi ressemblent ces cannes ?

Les cannes des compagnons allemands sont plus petites et torses ; elles ont une autre particularité intéressante : c'est la compagnon lui-même qui fait pousser sa canne et qui la fabrique.

Les cannes françaises sont de deux types : une de ville, fonctionnelle - nous n'en avons pas trouvé de description - et une de cérémonie, celle qui nous intéresse. Comme le disent certains auteurs, elle est de longueur respectable et de dimension honorable.

La canne peut être enrubannée, celle du rouleur notamment, signe distinctif et honneur rendus à son rang. Elle est ornée des trois couleurs des compagnons : le blanc, le rouge, le vert.

La canne se compose de trois parties : la pomme, le jonc et l'embout métallique ; le jonc peut être remplacé par du bois dur.

Le pommeau est en ivoire chez les tailleurs de pierre, Enfants de Maître Jacques, en corne chez les Enfants du Père Soubise, en laiton chez les Enfants de Salomon.

Le pommeau est noir chez les charpentiers et couvreurs de Soubise. Il peut être rond ou octogonal. A partir du XVIIIe siècle est apparue une pastille en laiton sur le pommeau portant le nom compagnonnique, le rite, les outils du métier, la date et la ville de réception. On peut aussi signaler la disparition des trois points derrière chaque lettre pour revenir au seul point.

La canne est ronde, à pans ou torsadée. Le cordon de couleur noire s'enroule plusieurs fois autour de la canne (cinq ou six fils chez les charpentiers de Soubise) et se termine par deux glands en forme de pompons dont les couleurs varient selon le Devoir et le métier. Certaines cannes étaient également évidées, permettant de contenir la passeport compagnonnique.

La canne instrument de mesure

Maintenant voici la pierre que nous voulions apporter - et qui n'engage que son auteur - en ce qui concerne la canne comme marque de mesure ou étalon. Cette hypothèse n'a pas été retenue par Jean-Pierre Bayard bien qu'il souligne que la canne ne s'émousse guère le long des chemins. Pourtan,t on s'aperçoit que sa longueur n'est pas une longueur de hasard, elle se situe souvent entre deux nombres : 124,72 cm et 125,17 cm (étalon de Paris et étalon des initiés).

Cette longueur représente la quine des Maîtres de l'oeuvre, réservée aux initiés, se référant aux proportions humaines et présentant une progression directement liée à la section d'or et au pentagramme régulier.

= 1,618, appelé divine proportion

PAUME	PALME	EMPAN	PIED	COUDEE ROYALE
1	1	1		2
0,382	0,618	1	1,618	2,618
x 20	x 20	x 20	x 20	x 20
7,64 cm	12,36 cm	20 cm	32,36 cm	52,36 cm

La quine représente la somme des valeurs = 124,72 cm, c'est aussi la longueur da la pige des Maîtres d'oeuvre. C'est une suite récurrente et arithmétique, suite de Fibonacci.

Les dimensions de la canne du compagnon rappellent donc les techniques de mesure utilisées par les Maîtres d'oeuvre des cathédrales et témoignent aussi de la filiation de ces constructeurs pouvant remonter aux premiers Maîtres d'oeuvre.

La canne chiffrée ou pige des Maîtres d'oeuvre correspondait à une longueur de 555 lignes de 0,2247 cm (!), soit deux coudées plus un empan. Pour plus de commodités, elle pouvait être formée de cinq segments articulés, matérialisant la double progression arithmétique et géométrique.

Le nom compagnonnique

Si les documents les plus anciens retrouvés dans les archives de police relatives aux « confréries spéciales et indépendantes » ne mentionnent uniquement que les surnoms des Compagnons, c'est pour la simple raison que la véritable identité de chaque Compagnon ne pouvait être connue. En effet, lors des perquisitions chez la Mère, lorsque l'officier de police parvenait à saisir le coffre de la cayenne qui contenait les divers registres et rôles de la société, il ne pouvait exploiter qu'une liste de noms assez curieuse, liste pratiquement inutilisable. Comment identifier clairement les Poitevin la Tendresse, Pierre le Languedoc, Aveyronnais la Patience, Parisien l'Ami du Trait, Berry la Douceur, Avignonnais la Palme des Beaux-Arts... ?

Cet état de fait a incité plusieurs historiens à affirmer que le rôle essentiel du surnom compagnonnique était lié à la longue clandestinité du Compagnonnage durant les périodes de condamnation et de répression menées par le Royaume et l'Eglise de France. En vérité, si l'on ne peut nier l'aspect intéressant joué par le surnom qui dissimulait le véritable nom, il va de soi qu'il faut surtout chercher la valeur symbolique d'une telle pratique puisque, aujourd'hui encore, le Compagnonnage n'étant plus pourchassé ou interdit, cet usage se perpétue. Ainsi, les associations compagnonniques continuent de baptiser leurs nouveaux membres selon un rituel (variant selon le métier et le Devoir) et de leur choisir un nom symbolique.

Déjà, l'aspirant ou l'affilié reçoit un surnom provisoire systématiquement formé de celui de la province ou de la ville dont il est originaire. Ainsi, depuis plusieurs siècles, des Lyonnais, Breton, Provençal, Parisien, Tourangeau, Carcassonne, Strasbourgeois parcourent leur Tour de France. Incontestablement, la réception d'un nouveau Compagnon est à classer parmi les grands moments de la vie de la cayenne ou de la chambre.

Remarquons que presque tous les métiers reçoivent les nouveaux Compagnons à une date précise dans l'année. Ainsi, les Compagnons Charpentiers reçoivent leurs nouveaux frères en mars, le jour de la Saint-Joseph, les Menuisiers attendent la Sainte-Anne en juillet, les Tailleurs de Pierre ont choisi l'Ascension...

Voilà une coutume séculaire qui est respectée par de nombreuses sociétés.

La réception comporte toujours le serment solennel de ne rien révéler quant à l'initiation reçue. L'époque des épreuves morales et physiques parfois assez brutales ayant fait son temps, les rituels font davantage appel aujourd'hui à la sensibilité de l'ouvrier (voyages symboliques, allégories, citations, musique). Au cours d'une soirée inoubliable, le Compagnon reçoit alors sa canne, ses couleurs ainsi que son nom symbolique.

En règle générale, le nom symbolique du Compagnon reçu se compose de deux éléments. Figurent le nom de la province (ou de la ville) ainsi qu'une qualité que le jeune homme possède. Même si dans certaines sociétés le candidat peut lui-même désigner la vertu qu'il désirerait se voir attribuer, la règle traditionnelle ne laisse pas le choix au nouveau reçu, ce sont ses pairs qui, après l'avoir longtemps observé et jugé, décident du trait de caractère principal, des vertus et des qualités décelés à mettre en valeur.

On différencie ainsi le caractère général de l'individu, sa compétence, son pays natal, son appartenance. En fait le nom compagnonnique marque surtout la mort à la vie profane et la naissance à l'état d'initié dans l'Ordre des Compagnons. Pour les initiés, il permet à lui seul de deviner le métier et le rite du Compagnon. Toutefois, la composition du nom symbolique n'est pas identique dans tous les Compagnonnages. Chaque rite et chaque métier ont toujours eu leur propre tradition pour former le nom compagnonnique.

Pour les tailleurs de pierre, le premier mot évoque un trait du caractère, puis le lieu de naissance, comme « La Fidélité d'Argenteuil ». Les Gavots placent le nom du pays avant un trait caractéristique : « Nantais la Belle Conduite ». Certains métiers conservent le prénom du candidat comme c'est l'usage chez les Compagnons Menuisiers du Devoir, suivi du pays : « Louis-le-Charolais ». Actuellement, l'Union Compagnonnique des Devoirs Unis adopte un mode unique de surnom : « Le nouveau reçu reçoit, à sa réception, un nom de compagnon précédé du nom de province, et ce d'une manière uniforme pour toutes les corporations ».

Le nom symbolique est désormais du type : Berry la Douceur,

Catalan la Ténacité, Breton l'Ami des Arts, Niçois la Fine Patte, Saintonge l'Ami de la Paix, Languedoc la Vivacité, Normand le Bien Décidé…

De même l'Union Compagnonnique se distingue des autres Compagnonnages et de la tradition compagnonnique en attribuant un nom symbolique à ses Mères (Agenaise la Bonté, Nantaise la Bien Dévouée, Berrichonne au Cœur d'Or…).

En 1897, le compagnon Milcent de l'Union a établi un Dictionnaire des noms compagnonniques qui a été réimprimé en 1991 par la cayenne de Lausanne. Voici quelques exemples concrets :

Compagnon Menuisier du Devoir : Pierre le Saintonge, François le Languedoc.

Compagnon Menuisier du Devoir de Liberté : Avignonnais la Vertu, Ardéchois Cœur Fidèle.

Compagnon Charpentier du Devoir : Limousin la Patience, Landais la Fermeté.

Compagnon Charpentier du Devoir de Liberté : Mâconnais l'Ami du Trait, Aveyronnais la Clef des Cœurs.

Compagnon Maréchal-Ferrant du Devoir : Poitevin la Générosité, Vendéen la Patience.

Compagnon Forgeron/Mécanicien du Devoir : Champagne la Fermeté, Ile-de-France la Patience.

Compagnon Boulanger du Devoir : Blois l'Ami du Travail, Tourangeau la Franchise.

Compagnon Serrurier du Devoir : Emile le Normand, Pierre le Bourguignon.

Compagnon Serrurier du Devoir de Liberté : Toulousain la Fidélité, Vivarais le Coeur Fidèle.

Compagnon Tailleur de pierre du Devoir : La Fidélité de Strasbourg, La Franchise de Marseille.

Compagnon Tailleur de pierre du Devoir de Liberté : Joli Coeur de Salerne.

Compagnon Plâtrier du Devoir : Le Bien-Aimé de Castelnaudary.

Compagnon Maçon/Tailleur de pierre des Devoirs : Saintonge La Fidélité de la Rochelle.

Par ailleurs, lorsqu'un fils de Compagnon est reçu, il est

d'usage de placer dans le nom compagnonnique la formule rituelle rendant hommage au père : Albigeois l'Exemple de Son Père, Mâconnais l'Exemple de Son Père…

De plus, un Compagnon qui a quitté le Compagnonnage depuis de longues années et qui souhaite redevenir membre actif reçoit un ajout à son nom compagnonnique : Lyonnais la Clef des Coeurs dit la Fermeté.

En terminant dans ce domaine particulier des noms et des surnoms, il faut noter qu'un autre usage se perpétue dans le Compagnonnage. En effet, entre eux, les Compagnons se nomment Pays ou Coteries, termes qui remplacent celui de Monsieur, inconnu dans le Compagnonnage. Pays se dit pour tout Compagnon qui exerce son métier au sol, Coterie est employé lorsqu'il s'agit d'un métier dit d'échafaudage. Ainsi pour ses frères en Devoir, un Compagnon Menuisier devient un Pays, un Charpentier étant une Coterie.

L'on peut maintenant s'interroger de l'intérêt de donner un nom symbolique au nouveau compagnon. Initier, c'est mettre sur la voie, c'est conduire un être vers le mystère qui le dépasse, en lui faisant prendre conscience d'une autre individualité, lui proposer un dépassement de sa propre nature, le mener vers d'autres états d'existence. L'initiation ne se transmet que de façon continue, d'être à être, de bouche à oreille ; elle ne repose pas sur un enseignement livresque ou intellectuel, mais est bien comme une expérience spirituelle intérieure, donc d'ordre ésotérique.

Initié rituellement à partir des symboles et des rites de son métier, le nouveau Compagnon subit donc une sorte de baptême qui lui fait quitter son ancien état pour pénétrer un monde nouveau, l'Ordre des Compagnons. Mais pour entrer dans la communauté, comme dans la plupart des sociétés initiatiques, il importe de « dépouiller le vieil homme » et naître une seconde fois. Plus qu'un rite de passage qui permet à l'adolescent de s'intégrer parmi le clan des adultes par un acte collectif, l'initiation se fait à l'âge de raison et il subit, seul, une initiation désirée.

L'évocation qu'a laissée Abel Boyer de sa réception suggère d'ailleurs une intime parenté entre les rites des Devoirs et les rites de passage étudiés par Van Gennep, Varagnac ou Eliade :

« Et l'horloge a sonné minuit. Pour renaître, il faut du courage

(...). Enfin, nous voici purifiés, l'orage s'est tu, le soleil matinal nous retrouve au pied d'un baptistère et les parrains ont accédé à ce que je porte le nom que j'ai choisi depuis bien longtemps, mais il faut lui faire honneur (...). Et quand du fond des bois, les Compagnons nous reconduisirent chez la Mère, nous nous sentîmes des hommes nouveaux. »

Ici se retrouvent, avec en filigrane une cérémonie de baptême, les trois moments essentiels qui jalonnent tout rituel initiatique : celui de la purification, celui de la mort rituelle, celui enfin de la reconnaissance, couronné par l'octroi d'un nouveau nom. L'initié, soutenu par des parrains qui renvoient au couple parental, donc inaugurent sa vie nouvelle, reçoit des emblèmes qui complètent ses couleurs d'adopté et un nom compagnonnique définitif, formé par l'adjonction à son surnom d'adopté d'une qualité qui le distingue.

Selon les rites, nous l'avons vu, les deux éléments du surnom s'emboîtent différemment. Mais dans tous les cas, le nouveau nom doit désigner le compagnon en référence à une éthique. Il est de ce fait une sorte de traducteur de l'âme, exprimant à la fois la personnalité nouvellement initiée, les voies du savoir consacré et les attentes du groupe à son égard. En effet, la qualité correspond moins à une vertu réelle de l'initié qu'à un idéal qu'il se propose d'atteindre.

Le nouveau nom de la sorte engage à jamais celui qui le porte à cultiver les vertus du compagnonnage, et à ne pas renier l'homme reconnu par l'initiation : « Attention, il est quelquefois délicat de s'appeler le Courageux quand on est poltron, le Bienfaisant quand on est égoïste, et combien de fois dans le cours des luttes que j'ai soutenues, a-t-on cherché s'il n'y avait aucune fissure dans ma cuirasse. Et l'on aurait eu raison de me reprocher un surnom que je n'aurais pas su honorer. » Par là se trouve donc magnifié le but ultime de la déambulation : favoriser le développement moral de l'initié. Sur ce plan, tous les compagnons accordent leurs points de vue, même les plus ardents défenseurs de l'idée que, pour continuer sa mission, le compagnonnage doit renoncer à un ritualisme désuet.

Replacée dans le cadre des rites de passage, la cérémonie s'enrichit de la sorte de significations multiples. Il s'agit de sanctionner, on le répète, l'irruption, a priori porteuse - comme toute naissance - d'autant de craintes que d'espoirs, d'un nouvel homme. L'usage fréquent dans les propos des compagnons d'aujourd'hui du terme « état » nous l'a déjà fait pressentir : il est ici question d'un changement de statut en deux étapes, d'abord la perte du premier (pendant le voyage) puis l'acquisition du second (pendant l'initiation).

Entre ces deux étapes, il y a bien rupture. Ce nom nouveau marque bien un changement d'état; c'est une mort symbolique, une mort initiatique. Prendre un nouveau nom montre que l'on change d'état, que l'on acquiert de nouvelles vues, un nouveau mode de vie.

« Un nom permet d'ouvrir la serrure d'un coffre » a écrit Jean Giraudoux dans Electre.

Le nouveau nom choisi doit marquer l'individu comme une investiture. C'est pourquoi de nombreuses sociétés initiatiques baptisent leurs adeptes : l'homme meurt à sa vie profane pour renaître initié et investi de nouveaux pouvoirs.

Gustav Meyrink écrit dans Le Visage Vert : « Or, il y a dans chaque nom une force cachée et, lorsque nous répétons ce nom sans arrêt dans notre cœur, la bouche fermée, jusqu'à ce qu'il finisse par emplir tout notre être nuit et jour, nous attirons dans notre sang cette force spirituelle qui circule alors dans nos veines et, avec le temps, finit par transformer notre corps ».

Sans vouloir reprendre le folklore, les rites archaïques, nous pouvons noter que la religieuse, avant de prononcer ses vœux, est placée dans un cercueil et qu'on lui coupe les cheveux : elle prend alors un nom nouveau, abandonnant sa vie passée. Lors de son sacre, le prince choisit un nom nouveau pour devenir le représentant de son peuple, mais aussi l'Oint du Seigneur; le Roi Très Chrétien ne détient ses pouvoirs spirituels et sacrés qu'après son sacre. Bien plus, le roi porte une sorte de surnom qui le caractérise : Louis le Pieux, Louis le Bien-Aimé, Charles le Téméraire. De même, le pape, choisi parmi les évêques, meurt à sa vie d'autrefois grâce à des rites appropriés; il est élevé à ses nouvelles fonctions en prenant un nom nouveau.

Nous allons conclure en citant Alice Chalenset :

« Nommer, dénommer, renommer : activité à la fois codifiée

et ludique, produit d'un pur jeu de l'imagination, défi à la règle sociale, petite révolte contre le poids des conventions. Il devient loisible à chacun de se projeter dans le nom qu'il invente pour l'autre, d'y exprimer sa déférence, son amour, son humour, sa tendresse ou son hostilité, d'exprimer ainsi sa propre vision de l'autre, de traduire donc, dans le nom forgé, revivifié, une perception, un affect, et finalement de faire du nom un véritable signifiant, riche de sens pour qui le donne et qui le reçoit, et non plus une simple, neutre, froide désignation. Le nom choisi n'est plus arbitraire, il devient épure, image, effigie, ce à partir de quoi celui qui le porte se connaît, se reconnaît et connaît l'autre à chaque instant. »

L'outil

Essai de définition

Tout d'abord, tentons de définir l'outil, objet de cette planche. Cela n'est pas aisé du fait des difficultés rencontrées pour donner une définition selon les exigences de la lexicologie et de la philosophie. Si nous nous référons aux dictionnaires les plus répandus de la langue française, nous lisons ceci :

– outil (bas latin : usibilia) : tout instrument de travail dont se servent les artisans (Littré) ;

– outil (latin classique : ustensile) : instrument que manie un ouvrier ou un artisan pour exercer sa profession (Nouveau Larousse), - et instrument de travail (Petit Larousse).

Mais si nous nous référons à la définition que ces ouvrages de « référence » donnent de l'instrument, nous trouvons :

– instrument (latin : instrumentum) : tout agent mécanique qu'on emploie dans une opération quelconque (Littré) ;

– instrument (latin : instrumentum) : outil, machine, appareil servant à un travail, à une opération (Nouveau Larousse).

Suivent dans l'un et l'autre ouvrages des exemples qui se rapportent aux sciences, aux arts, à la mécanique, mais nullement à l'artisanat ou à la technologie. Si pourtant nous nous référons à des ouvrages techniques, nous apprenons à distinguer davantage. L'instrument est un objet qui implique une construction (instruere : construire), destiné à examiner et à utiliser la matière ou la force soit dans un but spéculatif, soit dans un but utilitaire. La notion générale d'instrument de travail est pour le moins un euphémisme. Si l'instrument sert à modifier la matière, c'est un outil ou une machine.

Dans son livre *Du mode d'existence des objets techniques*, G. Simondon écrit avec pertinence :

« ...si on entend par « outil » l'objet technique qui permet de prolonger et d'armer le corps pour accomplir un geste, et par instrument l'objet technique qui permet de prolonger et d'adapter le corps pour obtenir une meilleure perception, l'instrument est l'outil de perception. Certains objets techniques sont à la fois des outils et des instruments, mais on peut les dénommer outils ou instruments selon la prépondérance de la fonction active ou de la fonction perspective ».

Certains philosophes qui n'ont pas opéré une telle dissociation semblent pourtant avoir eu d'étranges lumières sur ce sujet. Citons Rivarol : « Un instrument est un raisonnement qui, dans nos ateliers, a pris une forme éclatante et visible à nos yeux ».

Un autre mot se présente à nous, plus rapproché, du moins par l'étymologie : ustensile, qui selon Du Cange pourrait représenter un cheminement vers notre vocabulaire ; il nous propose le mot en ancien français : oustillement, du bas latin ostillarium (indifféremment outil et ustensile).

Cependant l'outil n'est pas non plus un ustensile. On doit réserver ce mot aux objets de transport, de présentation, de mise à la portée ; objets passifs et non actifs en eux-mêmes, qui n'exercent aucune action sur la forme des objets.

Mais si le principe de l'outil est de modifier la matière, il est dans cette fonction en concurrence avec la machine. Nous devons donc chercher une définition différentielle. Nous verrons que cela ne se fait pas facilement.

L'outil dans le temps

Si la construction des pyramides d'Egypte conserve encore quelque mystère, celle des grands chantiers du Moyen Age en revanche est bien connue grâce aux vitraux et enluminures et aux textes. Dans les carrières, les ouvriers utilisent la règle, la pointe, le têtu, le maillet, le ciseau plat, la massette et la laie brettelée. Sur le chantier, chaque homme est facilement reconnaissable ; chacun a ses propres outils. L'architecte a l'équerre, la règle, le compas ou la toise. Le tailleur de pierre s'affaire sur un marteau-pioche, un large ciseau, un marteau brettelé ou une pointe. Le maçon travaille avec une équerre, un fil à plomb, une truelle ; le marbrier une scie à pierre dure, le sculpteur une pointe, le charpentier une grande cognée.

« Ces outils, on les rencontre épars sur maintes représentations figurées, écrit Pierre du Colombier dans son ouvrage *Les Chantiers des cathédrales*, et réunis dans une sorte de panoplie qui les groupe d'après un petit médaillon du vitrail de l'Histoire de Saint-Sylvestre à la cathédrale de Chartres ».

Les cathédrales construites par les maçons opératifs qui respectaient scrupuleusement les règles de l'Art Royal, enseigné par les confréries, sont de véritables livres de pierres et, loin d'être une fantaisie esthétique érigée pour le plaisir de l'oeil, des lieux où est incarné le mystère qui ne peut être perçu qu'à condition d'en dégager le symbolisme et l'élémentaire. Au Moyen Age, alors que les hommes pour la plupart étaient illettrés, elles demeuraient un moyen d'enseignement.

La main et l'outil

L'outil est incontestablement un objet de dialogue permanent. A l'origine l'homme est manuel et penseur : main et esprit se développe simultanément. C'est de la pierre qu'il tire ses premiers outils, lesquels se confondent aussi avec ses armes. A partir d'une expression simple, va s'établir un contact entre la main et la pensée. La matière devient support de l'esprit. L'outil par sa vocation oblige à un effort de réflexion pour permettre l'action et la connaissance. En incarnant les liens des individus entre eux, avec la matière et la nature, il demeure le ciment des siècles depuis l'aube de l'intelligence.

Enfin, il n'y a pas d'outil uniforme et standard car chacun obéit à la force, à la morphologie, au rythme de l'artisan. D'ailleurs, la tâche première de l'apprenti, dès qu'il s'était acquis quelque dextérité consistait en la fabrication de ses propres auxiliaires.

Tout compagnon digne de ce nom, fut-il tailleur de pierre ou ardoisier, maîtrisait assez l'art de la forge pour former lui-même ses gradines, ses massettes, et ciseaux allongés. Si l'on peut s'attacher à ses outils pour leur valeur sentimentale, ils jouent un rôle important dans l'exécution, ils sont le prolongement de la main. Le sculpteur, par son geste, transformait la pierre naturelle à l'état brut en pierre culturelle, en pierre qui parle, en pierre vivante. Mais en même temps qu'il travaillait la matière, l'homme de métier améliorait ses qualités techniques et façonnait son esprit, univers du sacré et d'exploration du symbole. « Ce que tu fais te fait » lui répétait souvent le Maître d'Oeuvre.

« Nul ne modifiera la pierre avec une chance de parvenir au chef-d'oeuvre s'il n'a pas modifié sa façon de penser. S'initier, c'est « entrer dans « , aller au coeur de l'homme essentiel que les maîtres d'oeuvre ont symbolisé par la cathédrale » (Marie-Madeleine Davy).

De l'outil au symbole

En fait, dans les cérémonies rituelles, les outils ont un sens caché et spirituel. C'est en se basant sur la symbolique que les francs-maçons construisent leur temple intérieur et le temple de l'humanité. C'est de manière réfléchie et non hasardeuse qu'ils utilisent les outils car ils sont le croisement des voies culturelles empruntées aux différentes traditions ésotériques.

Le voyage dans le symbolisme compagnonnique passe donc par une étape fondamentale basée sur une évidence : chaque outil devient un authentique symbole, car il parle à celui qui a appris à le manipuler, à le connaître et à l'aimer. Nous n'allons pas ici passer en revue les différents outils-symboles des divers métiers compagnonniques.

Parmi les plus fréquents, nous devons citer, au premier rang, l'équerre et le compas entrelacés qui constituent le symbole majeur du Compagnonnage et que l'on retrouve également en Franc-Maçonnerie. On a beaucoup écrit sur l'équerre et le compas, parfois de belles approches, souvent des dérives spéculatives purement gratuites. Pour le Compagnon constructeur, l'équerre est un instrument de contrôle et de vérification, le compas, un outil de conception. L'équerre est associée à la matière, le compas à l'esprit. Dans le Compagnonnage, l'équerre et le compas sont toujours entrelacés, prouvant ainsi que l'esprit et la matière s'interpénètrent.

On a trop longtemps opposé spéculatif et opératif. Le pire a été écrit lorsque l'on a qualifié le Compagnonnage de Franc-Maçonnerie opérative. En fait, opératif et spéculatif ne font qu'un ; c'est dans ce sens qu'il faut comprendre la devise chère aux Compagnons : la main est esprit.

L'âme de l'outil

La part la plus riche du vocabulaire ainsi maintenu s'applique de fait aux instruments de travail. Varlope, mouchette, riflard des menuisiers ; colombe, herminette, queue d'hirondelle du tonnelier ; gradine et boucharde du tailleur de pierre ; sauterelle et oiseau du maçon ; chien du cordonnier, queue de rat du bottier. Qui saura dire pourquoi dans cette énumération tant de termes semblent tout droit sortis d'un bestiaire ?

Au sein de la classe ouvrière, les travailleurs manuels affirment jusque dans les mots et les expressions dont ils usent un particularisme que leur confère leur pratique laborieuse, comme si cette pratique avait en quelque sorte martelé leur univers linguistique. Dans le métier d'abord, mais nécessairement par débordement dans bien d'autres domaines, les choses sont touchées, palpées, regardées, comparées, prises en main, en tout cas physiquement appréhendées avant d'être nommées. De ce fait, on peut supposer que seule une certaine acuité du regard percevant des analogies formelles entre un animal et un outil a justifié l'emprunt de la nomenclature au registre zoologique.

Sur un autre plan, l'usage des termes animaliers renvoie peut-être à un système de croyances, comme s'il s'agissait par leur emploi généralisé de faire accéder l'outil à l'ordre des organismes vivants. Car pour l'ouvrier qui le façonne et le manie, l'outil n'a rien d'inerte. Plus qu'un objet réduit à la seule matière, il est « un compagnon gai, amical et sûr », il a véritablement « une âme ». Il suffit pour s'en convaincre de consacrer quelques heures à la Maison de l'Outil aménagée à Troyes à l'initiative du Père Feller.

Le langage des outils

Les outils ont un langage mystérieux qu'ils gardent encore : l'accia romaine qui figure sur une multitude de tombes gallo-romaines n'a pas encore livré son secret. Ils parlent d'eux-mêmes. Aussi peut-on remonter au temps, au mode, au lieu de leur fabrication, aux hommes qui les ont conçus, façonnés, forgés, trempés et affirmés. A celui dont tel outil était le compagnon et l'ami, grâce à ses marques dans le fer ou dans le manche. Avec un peu d'attention, on peut savoir s'il était bon, s'il a beaucoup servi : son poli et son usure en témoignent par son état de conservation s'il était chargé d'amour et de fierté. Avec une certaine expérience, on sait si l'homme qui le maniait était gaucher ou droitier.

Tous les outils ont un langage bien vivant : en travaillant, ils produisent des sons, sons parfois assourdissants que l'oreille non avertie reçoit comme une cacophonie ; pourtant, chaque bruit se compose d'une combinaison de périodes sonores dont le rythme est continu. On peut donc suivre un son particulier, savoir si tout va bien, tant dans la marche du travail que dans l'état d'esprit de l'ouvrier. Le compagnon a, par expérience, dans l'oreille, le son de l'outil qui fonctionne bien. Aussi avant même le résultat obtenu su ; l'ouvrage, l'outil lui parle-t-il et l'informe-t-il : trop aigu, il ne pénètre pas ou pénètre mal ; trop sourd il s'encrasse ou s'émousse.

L'ouvrier du cuir entend l'affûtage parfait de son tranchet coupant la matière : c'est pour lui le meilleur contrôle de son affûtage. Mais ce sont surtout le forgeron, le maréchal ferrant, le taillandier, le tailleur de pierres qui travaillent à l'aide des sons et les interrogent. Le maître de tous, en cet art, est le forgeron. Des sons différents l'informent constamment de la bonne marche de son travail, lui permettent également de communiquer avec son ou ses frappeurs. C'est à l'aide de son marteau, qu'il laisse directement tinter sur l'enclume en le faisant rebondir par élasticité qu'il lance un appel impératif à ses frappeurs. À la fin de cet appel, ceux-ci sont tous là, munis de leurs lourds marteaux à devant. Et d'un traditionnel : « Là-dessus s'il vous plait, messieurs », il indique d'une touche légère du marteau, l'endroit où ils doivent frapper. Pour les arrêter, ou les remercier, le forgeron écarte son marteau de l'ouvrage et le laisse rebondir sur la table de l'enclume en le traînant vers la bigorne, jusqu'à ce que s'éteigne la note.

Chez le menuisier, la varlope marchant bien émet un friselis particulier : c'est surtout le rythme des mouvements qui devient expressif. C'est ainsi qu'autrefois on faisait chanter les apprentis. Les scieurs de long ne chantaient pas pour le folklore. Le soudeur au chalumeau n'a pas besoin de consulter les manomètres pour connaître la pression de ses bouteilles. Le tourneur entend le cri d'alarme de l'outil qui n'est pas au centre.

Le langage de compagnons à compagnons

Il s'agit là de conventions entre ouvriers ; de plusieurs sortes, bien précises, ces conventions ne se transmettent qu'au sein de l'atelier sous une forme d'initiation aux bruits particuliers de chaque métier. Certains d'entre eux annoncent l'arrivée du patron, ou visent à écarter les importuns. Autrefois, dans un atelier de bijouterie, un bruit de cisaille à vide annonçait les copieurs de modèles : aussitôt, chaque ouvrier s'empressait de camoufler son travail et de le remplacer par des vieilleries. Il en était de même chez les couturières où l'avertissement se lançait aux bruits des ciseaux.

L'outil honore et avilit

Au XIXe siècle, est apparu « l'outil d'honneur ». Miniatures en métal précieux, rabots en ivoire, enclumes en argent, marteaux à manche d'ivoire, outils surchargés de décors, gravés au nom du Compagnon, ils sont en général offerts au Maître par ses collaborateurs, ses compagnons ou ses apprentis, afin de l'honorer pour son travail.

L'outil peut aussi traduire la réprobation à l'égard du mauvais ouvrier, c'est non pas un objet symbolique, mais un objet réel. Dans toutes les corporations, on sanctionne l'outil mal placé, oublié ou dégradé. Ainsi chez les graveurs et les bijoutiers, on en fait un paquet-cadeau ; chez le menuisier, l'outil est parfois pendu au plafond, cloué sur place, peint en dérision. Le marteau du couvreur est piqué sous les chevrons.

Patrons et chefs d'ateliers n'échappent pas non plus à la règle, subissant la punition que nous connaissons tous. Ce n'est là que volonté éducative qui vise à initier les jeunes apprentis et à conserver aux adultes le respect de l'outil.

L'outil entre également dans certaines formules d'images. Ainsi dit-on : « Tu raisonnes comme une enclume » ; « Tu es marteau » ; « Tu rigoles comme une paire de tenailles » ; « Il a (ou il n'a pas) le compas dans l'œil » ; « Il est entre le marteau et l'enclume » ; « Un ouvrier a toujours de bons outils », « Un bon ouvrier n'oublie pas ses outils », mais également en parlant de quelqu'un, « C'est un drôle d'outil. Dévalué ou mis à l'honneur, c'est toujours l'outil qui est en cause.

En guise de conclusion

Pour conclure, nous emprunterons une réflexion de Jean Bernard :

« C'est bien là le prologue d'une mutation aussi profonde et irréversible que celle qui, à l'aube de l'humanité, libéra la main créatrice et érigea l'homme en maître. Mais elle pose d'angoissantes interrogations. Garderons-nous les valeurs manuelles, ou deviendront-elles à jamais mineures ? La main continuera-t-elle à intervenir autrement que par le bricolage dont on dit qu'il va devenir un exutoire (important mais dérisoire) dans le loisir envahissant de l'homme. Devrons-nous l'exercer par un sport adapté comme la vie actuelle nous en fait la nécessité pour le corps tout entier ? Les derniers des manuels seront-ils les artistes, comme les premiers manuels étaient eux-mêmes des artistes ? Quelles pourraient être, pour le comportement des générations futures, les conséquences de l'effacement de la main ? Quelles seraient à longue échéance les modifications qu'engendrerait cette extraordinaire mutation : dans notre stature, dans notre musculature, dans l'esprit, dans l'âme elle-même ? »

Le chef d'œuvre

Avant d'aborder le chef-d'œuvre, voyons d'abord quelle est l'origine de l'oeuvre. Ce mot vient du latin « opera », toujours utilisé en italien puisqu'un ouvrier est désigné sous le nom d' »operaïo » ; de plus, quelqu'un d'actif est nommé « operante ». « Operare » veut dire faire et « operoso » laborieux. Oeuvre a bien pour origine un travail ou une activité. Quant au mot chef, je ferai toujours référence à l'italien : chef c'est le « capo ». « Capo d'opera » veut dire chef-d'oeuvre. En allant un peu plus loin, nous constatons que le terme italien « da capo » veut dire de nouveau en français. « Capo d'anno » est le début de l'an ou Jour de l'An.

Si le chef-d'oeuvre est par définition l'ouvrage capital et supérieur dans un genre quelconque, il faut encore que la réalisation apporte quelque chose de nouveau, « capo » c'est au début. Si on fait référence à la définition compagnonnique, le chef-d'oeuvre est l'ouvrage que le compagnon aspirant à la maîtrise doit exécuter suivant des règles très précises, édictées par le corps de métier ou corporation auquel il appartient et sous le contrôle d'un jury de maîtres. En l'occurence, si « quelque chose de nouveau » est apporté, c'est bien l'incontrournable empreinte de la personnalité du Compagnon.

Œuvre est bien souvent associé à une action humaine ou morale (bonnes oeuvres, oeuvres sociales) généralement à une entreprise à but philanthropique ; les basses oeuvres faisant exception.

Est-il besoin d'être ouvrier, artisan, artiste pour effectuer le parcours qui mène peut-être au chef-d'oeuvre, celui-ci n'étant pas nécessairement une réalisation visible ? Dans ce cas, quel est le jury habilité à délibérer qui peut qualifier un tel ouvrage de chef-d'oeuvre ? Faut-il d'ailleurs un jury ou quiconque pour juger que l'oeuvre supérieure de sa vie (professionnelle ou artistique) doit être reconnue comme telle ? Faut-il nécessairement être reconnu ?

Etre reconnu - Tradition : deux sujets ayant déjà été traités dans cet Atelier. Des mots d'ailleurs bien souvent employés au cours des différents travaux de chacun de nous. La Tradition est bien la référence à laquelle est liée la réalisation des oeuvres ou des chefs-d'oeuvre qui sont le fait d'écrivains, de musiciens, de peintres et de tous les auteurs de réalisations artistiques.

Dans la tradition ouvrière, encore d'actualité me semble-t-il, la carrière professionnelle est marquée par différentes étapes donnant chaque fois accès à une qualification supérieure avec, bien entendu, augmentation de salaire à la clef. Ce travail appelé essai, outre les compensations pécuniaires, est la reconnaissance de la qualification professionnelle : 1ere, 2e, 3e catégorie. Puis la maîtrise en fin de carrière.

Parmi les ouvriers d'élite, certains réalisent leur chef-d'oeuvre et accédent au concours du Meilleur Ouvrier de France? Cette distinction n'a pas pour but quelque intérêt sonnant et trébuchant, mais essentiellement la reconnaissance professionnelle. Cette distinction est toujours d'actualité, quoique beaucoup de métiers manuels aient totalement disparu du fait de l'évolution technologique.

Alors, qu'il s'agisse de chef-d'oeuvre visible ou invisible, audible ou inaudible, chaque effort sur soi ne vaut-il pas implicitement le travail sur un matériau ou en vue de quelque autre création?

En reprenant la définition du chef d'oeuvre, nous avons vu que cette définition correspond à un ouvrage capital et supérieur dans un genre quelconque (mais non rémunéré me semble-t-il). Ceci correspond parfaitement à la symbolique maçonnique, le symbolisme de la pierre brute.

Chaque homme peut trouver dans cette symbolique ce qui correspond à sa définition du chef-d'oeuvre en fonction de ses possibilités et en se posant chaque jour la question suivante : suis-je toujours sur la route qui mène au chef-d'oeuvre et est-ce que j'utilise les bons outils?

Ce qui explique que bien qu'il soit près de minuit, le travail n'est pas prêt d'être achevé, celui bien entendu qui mène au... chef-d'oeuvre!

Réflexions sur le compagnonnage

Le légendaire compagnonnique

Avec la parution, en 1839, de l'ouvrage d'Agricol Perdiguier *Le Livre du Compagnonnage*, le Compagnonnage est mis au grand jour et nombreux seront ensuite les écrivains qui étudieront et approfondiront la question.

Parmi eux, Etienne Martin-Saint-Léon qui s'affirmera comme étant le plus juste et le plus clairvoyant des auteurs. Son livre Le Compagnonnage, paru en 1901, demeure encore de nos jours une référence. Il y propose une étude sur les légendes qui sont toujours source de confusions et d'interprétations plus ou moins tendancieuses.

En voici un extrait et voyons ce qu'il écrit à ce sujet :

« L'étude des origines d'une institution a pour préliminaire essentiel le départ entre la légende et la vérité historique, entre les récits abondants et variés qu'enfante l'imagination populaire et les données authentiques dont il est possible de déduire soit une certitude, soit, tout au moins, une conjecture raisonnable.

Cette délimitation des domaines respectifs de la fable et de la réalité s'impose tout particulièrement en ce qui concerne le Compagnonnage, dont la passé est demeuré si obscur et si imparfaitement connu. Assurément, si l'on consent à ajouter foi à des contes dont l'antiquité n'est pas douteuse, le problème sera vite résolu.

Il suffira d'interroger un Compagnon, de préférence un ancien, un de ceux qui ont conservé intacte la foi des anciens âges et d'écouter. Il dira les péripéties de la vie de Maître Jacques, ses démêlés avec Soubise, son assassinat ; il citera des noms, des faits, des dates ; aucune question ne l'embarrassera, car la relation traditionnelle, dont il ne sera que l'interprète, est des plus précises. Il est superflu d'ajouter que ses dires, dont la sincérité ne pourra être suspectée, ne seront appuyés d'aucune preuve, qu'ils pècheront gravement contre la vraisemblance et que, loin d'être terminée par cette audition, la tâche de l'historien commencera seulement avec elle. Il convient cependant de ne pas trop dédaigner ces naïfs récits.

Toute conviction sincère a droit au respect, et d'ailleurs, ainsi qu'on l'a dit fort justement, la légende n'est dans bien des cas qu'une déformation de la vérité. Les croyances n'ont-elles pas au surplus une valeur et une portée indépendantes de l'authenticité même des faits dont elles perpétuent le souvenir ou l'illusion ? Ne créent-elles pas cette tradition sans laquelle aucun groupe humain - famille, tribu ou nation - ne peut-être considéré comme fort ? Ne donnent-elles pas naissance aux sentiments, aux aspirations, aux idées dont s'imprègne le plus profondément l'âme populaire ?

La réalité n'est ainsi bien souvent qu'une tentative pour vivre un rêve et l'explication supérieure de l'histoire se trouve peut-être à sa source même, dans la légende [...] Il nous faut entendre ces contes merveilleux qui se sont perpétués d'âge en âge, créant autour du berceau de cette association comme un nuage flottant de mystère et de lointaine poésie ; il nous faut, puisque nous venons de l'évoquer, laisser parler la légende. »

Légendes de Salomon, de Maître Jacques et du Pare Soubise

On compte trois rites de Compagnons :

1. Les Enfants de Salomon (Compagnons du Devoir de Liberté)

2. Les Enfants de Maître Jacques (Compagnons du Devoir ou Dévorants)

3. Les Enfants du Père Soubise qui sont, comme les précédents, Compagnons du Devoir, mais qui s'en distinguent par leurs traditions et leurs rites.

Chacune de ces fédérations possède sa légende propre et prétend se rattacher à l'un de ces trois fondateurs : Salomon, Maître Jacques ou Soubise.

Légende de Salomon

La légende de Salomon, ou plutôt d'Hiram, a pour point de départ un passage de la Bible *(Les Rois, livre I, ch. 5, §§13 à 18)*. « Le roi Salomon, dit le texte sacré, choisit des ouvriers dans tout Israël et commanda pour cet ouvrage trente mille hommes. Il les envoyait au Liban, tour à tour, dix mille chaque mois, de sorte qu'ils demeuraient deux mois dans leurs maisons et Adoniram avait l'intendance sur tous ces gens. Salomon avait soixante-dix mille manoeuvres qui portaient les fardeaux et quatre-vingt mille qui taillaient les pierres sur les montagnes, sans compter ceux qui avaient l'intendance sur chaque ouvrage, lesquels étaient au nombre de trois mille trois cents et donnaient des ordres au peuple et à ceux qui travaillaient. Le roi leur commanda aussi de prendre de grandes pierres, des pierres d'un grand prix pour les murs et même pour les fondements du Temple et de les préparer pour cet effet. Et les maçons de Salomon et ceux d'Hiram eurent soin de les tailler, et ceux de Giblos apprêtèrent le bois et les pierres pour bâtir la maison du seigneur ».

On le voit, rien dans ce texte ne permet de conclure à l'existence d'une association telle que le Compagnonnage au temps de Salomon. Mais la légende se substitue ici au récit biblique qu'elle continue. Nous la résumerons, en suivant la version la plus accréditée parmi les Compagnons, version dont Agricol Perdiguier n'a donné qu'un aperçu très sommaire dans son Livre du Compagonnage.

Les diverses relations qui se sont conservées chez les compagnons débutent uniformément par une description technique du Temple de Salomon dont on indique toutes les dimensions, le nombre des colonnes, leur hauteur, largeur, épaisseur,... « Ces travaux, est-il dit, étaient exécutés sous la direction d'un maître habile nommé Hiram. Hiram travaillait en bronze et il était rempli de sagesse, d'intelligence, de science ».

La présence à Jérusalem d'une si grande multitude d'ouvriers n'étaient pas cependant sans causer à Salomon et à Hiram de sérieux embarras. Le paiement des ouvriers notamment ne s'effectuait pas sans difficulté ; des intrus et des oisifs se présentaient parfois et, profitant de la confusion qui régnait dans cette foule, recevaient un salaire comme les travailleurs. Pour remédier à cet inconvénient, Salomon (d'autres disent Hiram) donna à chaque ouvrier une assignation pour se faire payer et un mot de passe pour se faire reconnaître ; de la sorte chacun était payé selon son mérite.

En outre, quand un ouvrier était devenu bon artisan, on « le signalait à Hiram qui le faisait avancer devant son conseil. Il l'interrogeait, et s'il lui reconnaissait la capacité requise, il lui disait de persévérer et qu'il serait récompensé. » Quelques jours après cet entretien, un des contremaîtres rencontrait comme par hasard le nouveau récipiendaire et le conduisait dans un souterrain du Temple. Là, au milieu des compagnons de travail du nouveau venu, il procédait à l'initiation et lui donnait le nouveau mot de passe qui devait le faire reconnaître.

Le Compagnonnage de Liberté était fondé.

Une deuxième légende se superpose à la première. Trois apprentis : Holem (ou Hoben), Sterkin (ou skelem) et Hoterfut, jaloux d'Hiram et furieux de s'être vu refuser par lui la maîtrise, résolurent de l'obliger à leur révéler le mot de passe de ce grade ou à l'assassiner. Ils le guettèrent à la sortie du Temple où il travaillait jusqu'au soir. Holem, armé d'un maillet, s'embusqua près de la porte du Midi ; Sterkin, une règle à la main, se cacha près de la porte occidentale et Hoterfut, porteur d'un levier, attendit la maître à la porte orientale.

Hiram se présenta comme il en avait l'habitude à la porte de l'Occident où Sterkin, « infâme assassin », voulut le forcer à lui découvrir son secret. Il refusa, disant : « J'ai gagné mon secret par ma sagesse et mes talents ; efforcez-vous de faire de même et soyez assuré que vous l'obtiendrez. » Sterkin le frappa à l'épaule avec sa règle. Il se sauva à la porte du Midi où Holem lui adressa la même demande et, sur son refus, lui asséna un coup de maillet. Il espérait trouver libre la porte de l'Orient ; mais Hoterfut l'y attendait et comme il ne pouvait lui arracher le mot de passe, le traître tua Hiram d'un coup de levier.

Les trois assassins cachèrent le cadavre sous des décombres. La nuit venue, ils revinrent et emportèrent le corps jusqu'en un lieu retiré où ils creusèrent trois fosses : l'une pour le cadavre, la seconde pour les habits, la troisième pour la canne d'Hiram (un jonc marin qu'il portait toujours). Une branche d'acacia fut plantée sur la tombe.

Cependant on s'était aperçu de l'absence d'Hiram. Neuf compagnons se mirent à sa recherche et, guidés par une vapeur, trouvèrent une branche d'acacia, la terre fraîchement remuée et, sous elle, le corps. On changea le mot de passe et on avertit Salomon qui ordonna à tous les compagnons de se raser la barbe, de se couper les cheveux, de prendre des tabliers de peau blanche pour marquer leur deuil et des gants blancs pour indiquer qu'ils étaient innocents du meurtre. Hiram fut enterré dans un tombeau d'airain de trois pieds de largeur, cinq de profondeur, sept de longueur, avec un triangle en or et une inscription à la gloire du Grand Architecte de l'Univers.

Il restait à découvrir et à punir les assassins qui s'étaient dénoncés par leur fuite. Leur tête fut mise à prix. Hoben le premier fut livré par un nommé Pérignan chez qui il s'était réfugié. Il fut décapité et son cadavre embaumé fut exposé au public. Six mois après, Bengabel, intendant de Salomon, apprit que les deux assassins survivants s'étaient réfugiés chez le roi des Gepts, Maaco. On envoya quinze compagnons pour les arrêter, mais ils se sauvèrent. On les retrouva dans une carrière appelée Bendicar. On les saisit, on les enchaîna, on les ramena à Jérusalem où ils furent attachés à deux poteaux par le pied et le cou, les mains liées derrière le dos. Alors on leur ouvrit le corps et on les laissa pendant huit heures exposés aux rayons brûlants du soleil. Le soir venu, Salomon les fit enfin décapiter et leur tête fut mise au pilori à côté de celle d'Hoben.

Légende de Maître Jacques : sa vie et sa mort

Tandis que le Compagnonnage du Devoir de Liberté se glorifie d'avoir eu pour fondateurs Salomon et Hiram, le Compagnonnage du Devoir (ou du Saint Devoir de Dieu comme on le nomme parfois) prétend avoir été créé par un personnage fabuleux nommé Maître Jacques. Mais ici la légende bifurque et nous avons le choix entre deux versions différentes.

D'après la première version, admise par Perdiguier et présentée par lui dans son Livre du Compagnonnage, Maître Jacques, l'un des premiers maîtres artisans de Salomon et collègue d'Hiram, aurait appris dès son enfance à tailler la pierre. Il aurait voyagé dès l'âge de quinze ans, visitant successivement la Grèce, l'Egypte, la Palestine, puis serait arrivé à Jérusalem à l'âge de trente-six ans après avoir voyagé vingt et un ans de sa vie. Il y travailla, dit-on, à la construction du Temple et bâtit deux colonnes dodécagones : la colonne Vedrera et la colonne Macaloe. Sur ces colonnes étaient sculptées diverses scènes de l'Ancien Testament : la chute d'Adam et Eve, le songe de David ainsi que des épisodes de la vie de Maître Jacques lui-même. Il fut nommé maître des tailleurs de pierre, des maçons et des menuisiers.

Le Temple achevé, Jacques quitta la Judée en compagnie d'un autre maître, Soubise, avec lequel il se brouilla bientôt et dont il se sépara. Le navire qui portait Soubise aborda à Bordeaux. Jacques débarqua à Marseille avec ses treize compagnons et ses quarante disciples. Il voyagea encore trois années pendant lesquelles il eut à se défendre contre les embûches des disciples de Soubise qui un jour l'assaillirent et le jetèrent dans un marais ; il parvint à se cacher derrière des joncs. Ses disciples arrivèrent et le secoururent.

Enfin Jacques se retira en Provence dans l'ermitage de la Sainte-Baume. L'histoire de sa fin paraît avoir été calquée sur le récit de la Passion du Christ. Un de ses disciples, l'infâme Jéron (que d'autres nomment Jamais), le trahit. Un matin, alors qu'il était en prières dans un lieu écarté (tel Jésus à Gethsémani), Jéron vint le trouver et lui donna le baiser de paix. C'était le signal convenu. Cinq assassins se jetèrent sur Maître Jacques et le percèrent de cinq coups de poignard.

Il vécut cependant encore quelques heures et put, avant d'expirer faire ses adieux aux compagnons tardivement accourus. « Je meurs, dit-il, Dieu l'a voulu. Je pardonne à mes ennemis, je vous défends de les poursuivre ; ils sont assez malheureux. Je donne mon âme à Dieu mon créateur, et à vous, mes amis, je ne puis rien donner mais recevez mon baiser de paix. Lorsque j'aurai rejoint l'Etre suprême, je veillerai sur vous. Je veux que le baiser que je vous donne, vous le donniez toujours aux compagnons que vous ferez, comme venant de votre père ; ils le transmettront de même à ceux qu'ils feront. Je veillerai sur eux comme sur vous tous, pourvu qu'ils soient fidèles à Dieu et à leur Devoir et qu'ils ne m'oublient jamais ».

Lorsque Jacques fut mort, ses disciples lui ôtèrent sa robe et trouvèrent un petit jonc qu'il portait toujours en souvenir des joncs qui l'avaient sauvé alors qu'il était tombé dans le marais. Les compagnons placèrent le corps sur un lit qui fut transporté dans une grotte. Il y resta exposé pendant deux jours tandis qu'un feu alimenté par de l'esprit de vin et de la résine brûlait autour du sarcophage improvisé. La dépouille mortelle de Maître Jacques fut ensuite portée processionnellement par les compagnons jusqu'à un lieu proche de Saint-Maximin où il fut enseveli après l'accomplissement de tous les rites consacrés. La garde-robe de Jacques fut partagée. On donna son chapeau aux chapeliers, sa tunique aux tailleurs de pierre, ses sandales aux serruriers, son manteau aux menuisiers, sa ceinture aux charpentiers et son bourdon aux charrons.

Le traître Jéron eut la même fin que Judas. Dévoré de remords et désespérant de la miséricorde divine, il alla se jeter dans un puits qui fut comblé. Soubise fut accusé d'avoir été l'instigateur du meurtre de Jacques. Mais cette accusation, qui entretint longtemps la désunion entre les Compagnons des deux rites, fut jugée injuste par nombre d'enfants de Maître Jacques eux-mêmes. Soubise, d'après cet autre récit, versa des larmes amères sur la tombe de son ancien ami et flétrit énergiquement son assassinat.

Une seconde version veut que Maître Jacques, loin d'avoir été un simple artisan contemporain de Salomon, soit tout uniment le même personnage que Jacques de Molay, le dernier grand maître des Templiers, brûlé par ordre de Philippe le Bel. Les Templiers, fait-on observer, étaient de grands constructeurs d'églises ; ils avaient été initiés en Orient à maintes pratiques secrètes qui furent révélées au cours de leurs procès. Jacques de Molay a donc pu donner une règle aux ouvriers maçons, tailleurs de pierre, charpentiers…, qui travaillaient pour le Temple, et les grouper en sociétés de compagnons. Cette version, à première vue moins invraisemblable que la précédente, ne repose sur aucun fondement sérieux ; l'existence de relations entre les Templiers et les confréries ouvrières d'où est sorti le Compagnonnage, n'est pas, en soi, impossible, mais demeure purement conjecturale, aucun fait, aucun indice même ne permettant d'apporter aucune affirmation à cet égard.

Légende de Soubise

La légende de Soubise est implicitement contenue dans celle de Maître Jacques ci-dessus racontée. Soubise aurait donc été, lui aussi, l'un des architectes du Temple de Salomon ; tout d'abord ami de Jacques, il se serait - comme il a été dit - séparé de lui par la suite, et même, d'après certains - mais le fait est contesté - aurait été l'instigateur de son assassinat.

D'après un autre récit, Soubise aurait été un moine bénédictin et aurait vécu à la fin du XIIIe siècle. C'est, en effet, sous le costume des religieux de Saint-Benoit que ce fondateur est ordinairement représenté sur les images affichées dans les Cayennes (loges de compagnons). Soubise aurait participé en même temps que Jacques de Molay à l'oeuvre de la construction de la cathédrale d'Orléans (église Sainte-Croix). Le Compagnonnage aurait été fondé à cette époque. Soubise aurait survécu quelques années au grand maître des Templiers.

Le compagnonnage : un peu d'histoire

La culture, aujourd'hui, se rapporte aux choses vues ou lues, ce qui dispense d'un contact direct, physique avec les choses. Cette forme de culture n'est pas naturelle, le nourrisson expérimentant déjà à partir de ce qui est à portée de sa main.

La culture qui est l'action de l'homme sur les choses est également le retour de cette action de l'homme sur le monde : l'homme devient en agissant. Nos actes nous font. Ce qui reste de nos ancêtres, c'est ce qu'ils ont fait : monuments, statues, poteries, bref le travail des ouvriers. C'est à travers ces oeuvres visibles que nous devinons les pensées des peuples.

La culture des hommes est d'abord celle de leur activité ouvrière, liée à l'activité sacrée des étapes marquantes de la vie : la naissance, le mariage et la mort. Le compagnonnage fait perdurer cette culture. Nous, francs-maçons, devons regarder les compagnons avec fraternité, car la Franc-Maçonnerie a oeuvré dans l'art du compagnonnage. Les origines de celui-ci se perdent dans la nuit des temps. Les gens d'un même métier se regroupent par un réflexe que l'on retrouve dans toutes les civilisations.

Sous les pharaons, existaient déjà des corporations de fondeurs et de forgerons. A l'origine de l'alchimie se retrouvent des teinturiers égyptiens associés pour améliorer et transmettre leur savoir.

Huit siècles avant Jésus-Christ, existaient à Rome des collèges d'artisans bien constitués pour des métiers qui exigent une formation précise :forgerons, potiers, tanneurs, charpentiers, orfèvres... Et la fin de l'empire romain obligea les artisans désireux de continuer et de transmettre leur métier à se regrouper autour des monastères. Saint-Benoît, le père du monachisme occidental fit dialoguer les artisans, sages de leurs réflexions sur le métier, et la spiritualité des moines qui défrichent l'Europe de leurs mains. Le travail des moines réhabilite le travail manuel et l'affranchit de la servilité qui caractérise le monde romain. Les Confréries, Fraternités et Compagnonnages ne se réclament d'aucune idéologie établie a priori, qu'on aurait ensuite appliquée à la réalité, comme ce fut le cas de la République rousseauiste ou de l'économie des physiocrates.

L'absence de doctrine préalablement formulée par un intellectuel ratifie l'origine populaire du compagnonnage. Les légendes originelles auxquelles la Franc-Maçonnerie a fait de larges emprunts sont variées. Le cartésianisme n'y retrouve pas son compte, mais derrière la tradition orale se profile le symbole et l'origine spirituelle.

Les premières légendes attribuent la création du compagnonnage à Salomon et son architecte Hiram. Elles empruntent largement à l'Ancien Testament - 2e Livre des Chroniques et 1er Livre des Rois. Salomon, au cours d'un songe, rêva d'un souhait exaucé par Dieu : il demanda la sagesse pour gouverner son peuple. Il eut cette sagesse avec la paix et la prospérité. Il décida de faire élever un Temple à Jérusalem en la quatrième année de son règne.

Les Hébreux avaient appris l'art de bâtir des Egyptiens, au cours de leur exil. 150 000 hommes furent nécessaires et une organisation rigoureuse était indispensable ; Hiram mit en place une hiérarchie ouvrière. Hiram, travailleur d'airain, s'arrangea pour que chaque ouvrier reçoive une assignation pour se faire payer, un mot de passe pour se faire connaître. L'ouvrier reconnu pour la qualité de son travail était conduit dans un souterrain du Temple pour y être initié et devenir compagnon.

On sait ce que firent trois ouvriers à qui Hiram refusa la maîtrise. Ce dernier fut enterré par Salomon au coeur du Temple. Les autres légendes se réfèrent également à la construction du Temple.

Maître Jacques, né en Gaule, arrive à Jérusalem pour travailler au Temple sous la conduite d'Hiram. Le Temple achevé, il quitte la Judée en compagnie de Soubise avec qui il se brouille. Arrivé à Marseille, sa vie est un peu comme celle du Christ, voyageant 3 ans avec 13 compagnons et 40 disciples, il se retira en Provence à la Sainte-Baume. Alors qu'il était en prière, un de ses disciples, un traître, l'accosta et les Sarrasins le poignardèrent. Il mourut en pardonnant à ses ennemis. C'est ainsi que tout Compagnon du Devoir se doit d'aller en pèlerinage à la Sainte-Baume au moins une fois dans sa vie.

A cette légende vint se superposer celle da Marie-Madeleine, prostituée rachetée par le Christ. Les Sanhédrins, inquiets de cette foi grandissante en la résurrection du Christ persécutèrent les premiers chrétiens. Lazare et Marie-Madeleine s'enfuient de Judée dans une barque sans voile, conduite par la providence. Celle-ci les mène à l'embouchure du Rhône où l'ancienne pécheresse évangélise la Provence et se retire à la Sainte-Baume. Les Compagnons en ont fait leur patronne.

Marie-Madeleine trace la vie des Compagnons, en allant au visible et au tangible jusqu'au jardin de la résurrection, où elle ne doit plus toucher le Christ et où elle doit s'élever vers l'invisible. La démarche du Compagnon est ainsi : aller du visible vers l'invisible.

Une autre légende identifie Maître Jacques à Jacques de Molay dernier Grand Maître de l'Ordre du Temple. Les Templiers furent de grands bâtisseurs initiés en Orient. Il semble cependant que de simples échanges aient eu lieu entre compagnons et templiers.

Soubise, lui, aurait été un architecte du Temple de Jérusalem, associé quelque temps à Maître Jacques ; pour d'autres il aurait été un moine bénédictin du 13e siècle. On le représente dans les Loges des Compagnons avec l'habit de Saint-Benoît.

Sur le plan historique

Les croisades conduites par les Templiers et les Bénédictins furent le point d'union entre le Temple de Jérusalem et les cathédrales. Le Temple de Salomon n'est pas un simple lieu de prières, il est le lieu sacré choisi par Dieu pour demeurer au sein de son peuple. Dans le Saint des Saints, se trouvait l'Arche d'alliance, façonnée par les meilleurs artisans d'Israël.

Les proportions du Temple décrites avec soin dans la Bible furent à la base du modèle de l'architecture sacrée judéo-chrétienne. Les cathédrales de Chartres et d'Amiens ont conservé le labyrinthe au centre de la nef. Le parcourir à genoux en priant était considéré comme un pèlerinage- symbolique à Jérusalem. Au XIIIe siècle, les corps de métiers sont peut-être des survivances des collèges d'artisans du bas empire romain.

Le Moyen âge voit l'apparition d'une solidarité de métiers qui va donner naissance à l'organisation corporative. On ne doit pas confondre Corporation et Compagnonnage même si des sentiments de Fraternité existent dans les deux camps.

Les corporations dont on parle déjà sous Charlemagne ont un caractère social plus que professionnel : droit du travail, juste salaire et mutuelle assistance. Elles concernent surtout les marchands.

Les corps de métiers apparaissent dès le 12e siècle. Les maîtres n'étaient pas hostiles à leurs ouvriers qui pouvaient à leur tour devenir maîtres. Vers le début du XIVe siècle, les rapports sociaux commencent à se détériorer : en raison du chômage – les grèves seront interdites – la maîtrise est réservée la bourgeoisie naissante.

Les corps de métiers sont une institution municipale officielle reconnue par le roi ou le seigneur. Le métier comporte maîtres, valets et apprentis. Le valet est aussi appelé garçon, aide ou compagnon.

Le compagnonnage se différencie des corporations car il n'existe pas de maîtres. C'est une association purement ouvrière. Seuls sont admis les aspirants ou ouvriers confirmés. Il y a un caractère d'identité ouvrière et d'élite qui n'existe pas ailleurs. Dès les XVe et XVe siècles, l'accès à la maîtrise devient de plus en plus difficile. La qualité de Compagnon devient fonction à vie. Exclus des confréries de Maîtres, ils fondent souvent des confréries parallèles de Compagnons.

Quelle que soit l'origine du compagnonnage, il est l'héritier d'une culture ouvrière qui se confond avec le patrimoine spirituel des grandes civilisations. Les monuments architecturaux sont souvent les seuls témoins restants de l'effort des hommes pour s'élever du visible à l'invisible.

La Réforme

La Réforme a causé de graves scissions dans le compagnonnage. Les idées nouvelles vont dans le sens d'un subjectivisme moral qui détourne les esprits de la valeur objective des oeuvres. Le travail de la main est trop vulgaire pour anoblir l'âme. Pourtant Luther et Calvin avaient pris la défense des ouvriers, et le catholicisme celui du pouvoir corporatif.

Les idées démocratiques de la Réforme attireront certains compagnons et diviseront les consciences.

La ville d'Orléans, huguenote, voulut en 1561 redevenir catholique. En 1562, le protestant Théodore de Bèze fit sauter une tonne de poudre à la croisée du transept de la cathédrale Sainte-Croix. La grande flèche en tombant écrasa l'édifice. Elle fut reconstruite en 1601 mais les travaux ne furent achevés qu'en 1829. C'est sur ce chantier que les compagnons en vinrent à se séparer.

Les menuisiers du Devoir, catholiques, prirent le nom de Dévorants. Les compagnons réformés furent appelés Gavots.

Face au pouvoir politique et corporatif

Les confréries de compagnons étaient clandestines jusque vers 1941. Le premier texte attestant l'existence des compagnons, dans une lettre contre les maîtres, date de 1506. Un document de 1540 atteste l'existence du compagnonnage au travers de la Mère. La seule institution professionnelle légalement reconnue était la corporation. Les autres furent interdites par François 1er (Ordonnance de Villers- Cotterets de 1534). Toutes les professions seront touchées par cette ordonnance jusqu'au 18e siècle.

Malgré ces luttes, les compagnons ne récusent ni la communauté morale et spirituelle ni l'organisation corporative. Ils partagent avec les maîtres cette conception du métier comme communauté morale et spirituelle structurée et vouée à l'exercice et à la perfection d'un art mécanique. Les compagnons n'empruntent leur langage, leurs rites, leurs symboles, ni à l'humanisme de la Renaissance, ni à la philosophie des Lumières, ni au rationalisme cartésien, mais au patrimoine religieux et chevaleresque de l'Occident.

Le 14 mars 1655, la Faculté de théologie de la Sorbonne condamne les pratiques compagnonniques. Les compagnons avaient été dénoncés en 1639 par la confrérie du Saint Sacrement, celle-là même qui condamnera Le Tartuffe de Molière. En effet, le rituel du compagnonnage est avant tout une parodie des sacrements chrétiens et ses légendes appartiennent à l'Evangile. Il faut rappeler qu'à cette époque, il n'existait pas d'autre source d'inspiration. La parodie, l'imitation, peuvent traduire une profonde admiration et pas nécessairement une moquerie.

La Sorbonne déclare que ces pratiques sont des blasphèmes et l'archévêque de Toulouse excommunie le compagnonnage. Cette condamnation en Sorbonne montre déjà que les intellectuels avaient perdu le sens du peuple.

La Révolution

La Révolution supprime les corps de métiers; il n'y a donc plus d'éducation ouvrière autre que le compagnonnage dans la clandestinité.

La philosophie des Lumières, grâce aux économistes jouera la carte de la concurrence et fera chuter le prix de la main-d'oeuvre, transformant ainsi la condition ouvrière en esclavage. Le compagnonnage n'était pas une institution reconnue mais tolérée. A partir de la Révolution, le principe est aboli, aucune association n'a plus d'existence juridique, seuls existent les individus.

Les maîtres étant affaiblis par la suppression de leurs institutions corporatives, les compagnons s'enhardirent et une coalition de 80 000 hommes devait se réunir à Paris. La peur des troubles incita Le Chapelier à déposer un projet contre les associations ouvrières. Le texte sera voté le 17 juin 1791 et survivra dans le Code Napoléon.

Malgré de nombreux points communs - les légendes par

exemple - avec le compagnonnage, les francs-maçons ne sont pas touchés par la loi Le Chapelier, car c'est aux traditions gnostiques qu'ils se rattachent.

La Franc-Maçonnerie serait née de certaines loges compagnonniques. Le nom de franc-maçon apparaît pour la première fois sur le chantier de la cathédrale de Strasbourg. Après cinq incendies dus à la foudre, il fallut au XIIe siècle reconstruire la basilique romane. Une équipe de tailleurs de pierre venue de Chartres dans le cadre du compagnonnage est appelée francs-maçons dans un document de 1276 signé de Rodolphe 1er de Habsbourg.

La Franc-Maçonnerie serait d'origine germanique et, passant par la Grande-Bretagne, aurait atteint la France.

La principale différence entre le compagnonnage et la Franc-Maçonnerie c'est que le premier est encore le dépositaire réel d'une culture ouvrière qui est un savoir-faire plus qu'un savoir. C'est un héritage de gestes et à travers lui un patrimoine profondément humain qui, à chaque génération, s'est exprimé en multitudes d'oeuvres, toujours ouvrières. On ne peut être compagnon sans être ouvrier.

La Franc-Maçonnerie n'a gardé de ses origines compagnonniques que ses rites et symboles. L'assise de la Franc-Maçonnerie se compose de trois grades (apprenti - compagnon - maître) alors qu'il ne saurait y avoir de maîtres dans le compagnonnage qui se veut réellement ouvrier et égalitaire.

La Franc-Maçonnerie se souciait peu des ouvriers, ne recrutant que dans la bourgeoisie et l'aristocratie. Les ouvriers n'étaient pas admis et les domestiques étaient admis en qualité de frères servants. Il y aura des progrès à la fin du XIXe siècle, mais les tentatives d'approche du Compagnonnage par la Franc-Maçonnerie n'ont guère abouti.

Agricol Perdiguier, dit Avignonnais la Vertu

Le vide juridique laissé par la Révolution en raison de l'interdiction des associations patronales et ouvrières permit au compagnonnage, qui avait l'habitude de la clandestinité, d'accueillir de plus en plus d'ouvriers. Dans un monde industriel et libéral hostile à l'ouvrier, il répondait aux besoins de fraternité ; l'Empire et la Restauration durent le tolérer. Les divergences de conception, les conflits des anciens et des jeune conduiront malheureusement les compagnons à se révolter, avec des bagarres sanglantes entre dévoirants et gavots, entre 1823 et 1858. Le Compagnonnage entra alors en décadence.

Né en 1805, Agricol Perdiguier va vivre au milieu de ces difficultés. Menuisier, aspirant chez les dévoirants, il fait son Tour de France sous le nom d'Avignonnais la Vertu. Son succès commence à la parution en 1839 de son Livre du Compagnonnage, révélations sur les chansons compagnonniques, la géométrie, les sociétés de Compagnonnage. A cette époque George Sand écrit Le Compagnon du Tour de France.

L'idée d'association germait chez les premiers théoriciens du socialisme mais il fallait d'abord réconcilier les devoirs. Un serrurier, Moreau, propose l'abandon des coutumes compagnonniques et la réunion dans une même société de tous les corps de métier du Compagnonnage. Ce fut la création de l'Union en 1830. Cependant, I'époque fut constellée de grèves célèbres et de luttes fratricides. Lucien Blanc, bourrelier à Lyon, réunit tous les rites et fonda la Société des Amis de l'lndustrie, qui fusionna avec les « Devoirs Réunis » en 1872. Ainsi fut créée la Fédération Compagnonnique puis l'Union Compagnonnique en 1889.

Avec le syndicalisme et l'industrialisation, le XXe siècle infligea de nouvelles épreuves au compagnonnage. La loi Waldeck-Rousseau de 1884 autorisait les syndicats ouvriers, mais pas les associations mixtes patrons-ouvriers. Réunis dans un même syndicalisme, les ouvriers ne sont plus divisés en corps de métiers, non opposés à leur patron mais au patronat lui-même.

Cette solidarité allait se sceller dans le sang lors de la Commune de Paris Les ouvriers entrent dans l'histoire avec 17 000 martyrs. Le syndicalisme ne soutiendra plus la République, mais s'engagera dans la lutte révolutionnaire et des intellectuels en feront l'utilisation comme instrument d'établissement de la dictature de leurs idées. Rappelons que le Manifeste du Parti Communiste est paru en 1848.

Les syndicats voulaient regrouper des armées de travailleurs pour l'amélioration de leur sort matériel et élever leur place dans la société. Les Compagnons, forts de leurs traditions, s'appliqueront à élever leurs frères au point de vue moral et social, en maintenant leur autonomie. L'électrification crée la production de masse, remplaçant l'artisanat. L'économie va être planifiée. La puissance des machines se trouve étrangère à l'homme particulier. Par une réaction de défense instinctive, les hommes se recroquevilleront dans l'individualisme ou s'agglutineront dans le collectivisme.

L'ouvrier ne fait qu'une partie du travail fini, les chaînes de travail sont plus des chaînes d'individus que des chaînes d'équipe. Au coeur du XXe siècle, l'expérience du compagnonnage apparaît indispensable mais devrait se renouer dans sa fidélité à sa tradition.

Après la première guerre mondiale, les trois vieux rites (Jacques - Salomon - Soubise) se réunissent en une Confédération des Vieux Devoirs. Sous l'Occupation, les corps furent interdits mais un ouvrier obtint du gouvernement de Vichy l'arrêt des poursuites. Les groupements de corps s'unirent en une « Association ouvrière des compagnons du Devoir du tour de France ».

Cette longue partie historique explique la prise de conscience des compagnons de la part de responsabilité humaine qui leur est échue : être les témoins privilégiés de l'unité de la main et de la pensée, et d'une culture ouvrière dont l'origine se perd dans la nuit des temps.

Le Compagnon dans le monde moderne

Le jeune apprenti expérimente sur « le tas » la valeur de son travail. La culture est « ouvrière » car liée à une « oeuvre ». L'apprentissage du métier, sa pratique et sa transmission sont l'assise du compagnonnage. La qualité du métier suppose à l'ouvrier la maîtrise de tous les éléments de la chaîne qui va de la matière brute à l'objet fini. Avancer dans la connaissance d'un métier, c'est s'inscrire dans une chaîne de solidarité.

Le compagnon d'aujourd'hui utilise les matériaux modernes, il évolue avec le temps, il connaît l'histoire de l'art et respecte les styles. En dehors d'une culture livresque, sa connaissance est sentie, éprouvée et liée à l'expérience concrète d'un matériau et d'une pratique. Le compagnon sent ce qu'il sait. Avec Hanon, le compagnon n'exerce pas un métier, il est métier. Le caractère est marqué par le travail et le métier est une école de caractère. Les termes de « forger le caractère », de « caractère bien trempé » sont liés au compagnon du métier de fer et de feu.

Les métiers d'aujourd'hui exercés par le Compagnon sont souvent des métiers du bois, de la pierre et du métal en raison de l'ancienneté de leurs traditions.

La diminution du nombre des artisans ne facilite pas la transmission de maître à disciple. Les techniques nouvelles ne font plus appel au même savoir-faire. Face au défi technologique une structure nouvelle est mise en place en 1943, le Collège des Métiers, dont le rôle est d'élaborer un dialogue entre les techniques traditionnelles et les techniques nouvelles.

Le Collège des Métiers s'attaque à une oeuvre immense : l'encyclopédie des métiers. Plusieurs tomes énormes sont déjà sortis sur la carrosserie, la charpenterie, la serrurerie et les métiers du gros oeuvre.

En suivant le Compagnon

Après avoir été adopté par les compagnons comme aspirant, le jeune apprenti peut partir faire son Tour de France. Les premiers pas sont alors comme les premiers pas dans l'âge adulte. La vie du Tour de France est rude et exaltante. Le voyage a pour but l'approfondissement du métier par l'apprentissage de différentes techniques professionnelles, mais aussi un certain type de relations aux hommes, à la société. Là où d'autres font du tourisme pour se distraire, le compagnon cherche à s'instruire et éveiller sa conscience.

Avant de partir, l'aspirant reçoit une canne. Autrefois pour le protéger des chiens, elle est surtout devenue un emblème. Il existe un langage dans les treize façons de tenir la canne. Quel que soit le point de départ, le Tour de France se fera dans le sens des aiguilles d'une montre. A chaque étape, le voyageur trouve un gîte et surtout un foyer dans la maison des compagnons, la « cayenne » où se trouve la mère.

Là, il faut se faire reconnaître par un rite auquel la Franc-Maçonnerie a beaucoup emprunté. Dans certains métiers, il existe un compagnon responsable des autres. L'aspirant lui remet son passeport et l'on procède à une deuxième cérémonie, dans le grand secret, dont les gestes et les mots sont connus d'avance et correspondent au rituel du métier, c'est « l'entrée en chambre ».

Pour quitter la ville, le compagnon se soumet à d'autres rites. Le rouleur pose quelques questions, le compagnon fait les réponses et l'acquit est levé. On remet le passeport ou affaire comportant le cachet de la ville. Le compagnon s'en va. Cela donne lieu à la conduite, les membres de la société accompagnant le partant à travers la ville en chantant. Puis c'est l'accolade rituelle et l'on se quitte. Le partant doit rester insensible et montrant sa détermination, il jette son chapeau et s'enfuit. Un compagnon court après lui et lui remet son chapeau. C'est fini.

Certains compagnons sont honorés d'une « conduite en règle » ou « battant au champ ». Le mauvais compagnon subit la « conduite de Grenoble ». Quand les compagnons se croisent sur la route, ils font un échange rituel : le topage.

A l'origine, les compagnons en voyage se retrouvent aux mêmes hôtels. Ces endroits appelés « mères » l'identifient à la communauté. La mère désigne à la fois la maison et la maîtresse de maison. La mère préside à certaines cérémonies, son mari est le père, ses enfants sont des frères ou des soeurs. L'ancienneté de cette institution est certifiée dès 1540.

Aujourd'hui les maisons du Compagnonnage du Devoir accueillent tous les métiers représentés dans une ville par les compagnons, c'est un centre d'hébergement, un centre technique d'enseignement et un centre culturel. Le jour où arrive l'aspirant, le rouleur se met en campagne pour lui trouver du travail. Le nouvel arrivant a droit à trois repas gratuits.

Quelle est la principale cause du succès et de la pérennité du Compagnonnage ?

Son enseignement technique, aux antipodes du principe de scolarisation, est basé sur l'acquisition « sur le tas » d'une expérience immédiatement professionnelle et que la coutume appelle le trait.

L'art du trait est l'art de dessiner ce que l'ouvrier a besoin de se représenter graphiquement pour mener à bien son travail. Ce n'est pas le tracé de la table à dessin. Le vieux compagnon qui a le compas dans l'oeil peut s'en passer. Cette technique est l'apanage des ouvriers du bâtiment, en particulier ceux de la charpente. Les plans d'architecte n'apparaissent que vers le 15e siècle ; l'ébauche qui les remplaçait était le langage de l'ouvrier sur le chantier. L'oeuvre ne doit pas être conforme au dessin, mais le dessin doit permettre de représenter l'oeuvre. Cependant le trait peut s'allier aux techniques nouvelles et les compagnons charpentiers utilisent par exemple l'ordinateur pour la charpente en lamellé-collé. Rappelons la remarque du compagnon Dalibes : « L'homme formé par l'expérience est capable de faire ce qu'il n'a pas appris à faire ».

Entre la réception d'un compagnon et l'obtention d'un diplôme, il existe une différence : le diplôme est la sanction d'un savoir acquis alors que la réception du compagnon est la consécration d'un savoir-faire et d'une volonté de perfectionnement.

Souvent, le diplôme signe l'arrêt de la curiosité intellectuelle, il est le couronnement d'un savoir, une récompense, la finalité même de la recherche. Celui qui est reçu compagnon est appelé à transmettre, car la tradition ou transmission, comme le perfectionnement personnel, sont une seule et même chose. Le compagnon n'enseigne pas, il « accompagne », c'est un partage fraternel.

L'aspirant a deux symboles : le labyrinthe et la tour de Babel. La réception du compagnon s'accompagne de quatre nouveaux symboles : la pyramide, le temple, le tombeau, la cathédrale. Avec la cathédrale, nous accédons à la notion de chef-d'oeuvre. Cette tradition remonte loin dans le temps et fut sûrement une pratique corporative. C'était la synthèse de ce qu'un apprenti avait pu apprendre et une épreuve pour devenir maître.

Du XIIe au XVIe siècle, l'enrichissement des corps de métiers faisait que seuls les fortunés pouvaient accéder à la maîtrise. On devenait maître de père en fils.

Les plus célèbres chefs-d'oeuvre figurèrent à l'exposition universelle de 1900. La coutume se perdit au 20e siècle pour resurgir sous la forme d'un concours pour le titre de Meilleur Ouvrier de France. Le chef-d'oeuvre est une oeuvre désintéressée, son auteur ne reçoit aucun traitement.

Le but du chef-d'oeuvre, c'est l'homme, et le chef-d'oeuvre secret, c'est aussi l'homme. C'est la cathédrale intérieure ou, pour reprendre le titre de l'ouvrage du prix Nobel François Jacob, *La statue intérieure.*

Le compagnon fini est en pleine maturité du métier, il peut donner toute sa mesure. Cette mesure est celle d'un esprit communautaire dans le travail, ce qui ouvre à la notion d'élite. Le terme ultime de la sagesse compagnonnique est la contemplation du plus grand des chefs-d'oeuvre, celui qui n'est pas fait par l'homme et qui est l'homme lui-même. L'homme ne s'invente pas, il se découvre, I'homme ne se crée pas, il s'accomplit. L'homme, microcosme de la création, est lui-même un créateur par son activité ouvrière créatrice. Il agit sur lui-même : se transforme-t-il en blockhaus ou en cathédrale ?

Le compagnonnage aujourd'hui n'est pas un conservatoire des vieux métiers, ni un musée folklorique des pratiques ancestrales. C'est un lieu où se forment des hommes. Ce sont des constructeurs sans nostalgie du passé.

Le goût du travail bien fait n'est pas la marque d'un tempérament passéiste. Le compagnonnage sait utiliser les technologies nouvelles dont il apprécie la rentabilité et l'efficacité.

Comme par le passé, on trouve aujourd'hui des compagnons à leur compte comme artisans, ou au service de grandes entreprises. On les rencontre dans la réfection de la torche de la statue de la Liberté à New-York ou sur le chantier de restauration de l'abbaye de Fontevrault…

La Compagnonnage : son esprit et ses rites

Une phrase de Lucien Febvre dans *Combats pour l'histoire* résume probablement l'esprit du compagnonnage : « Ce qui compte, c'est de faire descendre la lumière plus loin, plus bas, toujours plus bas. De faire reculer l'obscurité ».

Il apparaît prétentieux de vouloir cerner en quelques pages ce que pouvait être l'esprit du compagnonnage : ses rites et la fonction de ses rites. Bien des historiens, voire des spécialistes, se posent encore des questions. Tous les mystères ne sont pas levés, que ce soit à propos des origines où l'histoire et la légende se mêlent ou à propos de son évolution à travers les différentes périodes de l'histoire depuis le haut Moyen âge. A ceci répond une explication fondamentale : peu de textes, de documents émanant directement de ces sociétés sont à notre disposition et, pour beaucoup, il s'agit soit de rapports provenant de procès, de verbalisations des autorités civiles ou religieuses, soit de travaux d'historiens émettant des hypothèses plus ou moins vraisemblables. Il existe donc toujours un biais d'étude et la vérité s'en trouvera déformée.

Ce préambule posé, il est évident que mon propos ne sera pas de disséquer le sujet et de comparer les différents rites : le fond sera abordé et non pas la forme, les idées n'engageront que leur auteur. Pour commencer, je voudrais revenir sur un point important de ce sujet : la rareté des écrits. Quand on sait que ces sociétés ont au moins huit siècles d'existence, cela paraît étonnant au premier abord. En fait, il n'en n'est rien si l'on admet que l'on se trouve face à une société de tradition orale dont le contenu a pu traverser les siècles grâce à des procédés, en particulier les rituels, véritables véhicules de la mémoire, que l'on retrouve dans de nombreuses sociétés dites « primitives ».

Ainsi, les sociétés compagnonniques sont des sociétés de tradition orale. Il en ressort, à ce niveau, des éléments propres à cette forme d'organisation : une force et une faiblesse. Une faiblesse car toute tradition orale nécessite un mouvement continu : si la chaîne se rompt, le contenu se disperse et se perd. (Mais les critères de sélection étaient là pour veiller à l'adoption de maillons solides car éprouvés.) Une force qui réside certainement en l'efficacité de la conservation du secret permettant de préserver intactes ses idées.

D'autre part, à la différence du droit romain, et c'est peut-être un paradoxe, la tradition orale est plus égalitaire dans sa conservation de la mémoire. Il est curieux de constater que le pouvoir de la chose écrite intervient toujours dans un moment de l'histoire où une couche sociale tente de prendre le pouvoir : la colonisation, voire même la fin de notre XIIIe siècle (guildes des marchands). Le droit romain plus axé sur les actes notariés (propriétés, arpentage, circuits commerciaux) n'a pas pour fonction de conserver une mémoire collective mais plutôt des intérêts particuliers. Il faut se rappeler que le compagnonnage recrutait dans les couches sociales ouvrières et paysannes, c'est-à-dire des couches pauvres, non instruites, donc sans privilèges particuliers à la naissance.

La tradition orale a plus fait dans l'idéologique, au sens restreint du terme, car le plus grand nombre a pu entendre et donc « avoir accès » alors que, pendant des siècles, un nombre plus restreint lisait et écrivait : 9/10e de la population vivait en province où il n'existait pas obligatoirement une école par village et, si elle existait, l'accès n'en n'était pas possible pour tous, notamment pour des raisons socio-économiques. Ainsi l'esprit compagnonnique est obligatoirement très lié à la transmission orale.

De plus, à la différence du droit romain, le droit coutumier, pour résister à l'épreuve du temps, s'entoure de rites. Ceci est une nécessité de survie. C'est également le cas, par exemple, des souverains, représentants de Dieu sur terre, qui tiraient leur légitimité des us et coutumes et qui suivaient des rituels particulièrement précis, notamment lors de couronnements.

Donc, pour assurer la pérennité de la mémoire, le rituel est obligatoire dans la tradition orale. Tout débordement ou toute perte du rituel entraîne la perte de la mémoire. Mais que véhicule cette tradition ? Non pas des biens matériels, mais des idées, une forme de pensée, un savoir-faire et une certaine moralité. La tradition orale est bien la force du compagnonnage. Le support de communication est en partie fait de symboles qui ont ces vertus de parler à la fois à l'intelligence et à l'âme. Le respect du secret, bien qu'important, peut apparaître secondaire ou plutôt comme une conséquence naturelle.

Pour Boucher, le compagnonnage est une chevalerie ouvrière qui travaille au perfectionnement professionnel, moral et intellectuel. Le perfectionnement professionnel est la pierre angulaire du Tour de France qui fait le compagnon. Mais il est important de noter qu'il lui permet d'évoluer dans un environnement riche et complexe.

Le compagnonnage est une société initiatique traditionnelle car issue du sacré, avec des us et coutumes comme en témoignent les règles que doit respecter le compagnon. C'est une société idéaliste comme en témoignent les rituels, les vêtements, les décors, la canne, la façon de se déplacer. C'est une société vouée au perfectionnement professionnel que l'on découvre à travers ses chefs d'oeuvre. Mais, c'est une société ouvrière et artisanale qui doit aussi s'intégrer dans les différents contextes socio-économiques des siècles, cultivant la solidarité parmi ses membres.

Tout ceci était dénommé « Devoir » et même, à l'origine, « le Saint Devoir de Dieu ». Le devoir est l'ensemble des règles régissant chaque rite, l'histoire, la légende, les coutumes, les symboles. Plus simplement le devoir est à la fois une histoire, un rituel et une règle d'action.

L'initiation se déroule selon un rituel particulier, variant probablement selon les rites mais qui, dans tous les cas, est précédée d'épreuves morales, professionnelles, voire physiques, afin d'éprouver la pureté de l'aspirant. Ce rituel aboutit à une naissance, une renaissance du candidat qui est déclaré compagnon reçu.

Par ailleurs, un nom lui est donné afin de bien marquer ce baptême, généralement le nom de la province natale précédé ou suivi d'une qualité ou éventuellement d'un trait de caractère : Périgord Coeur Fidèle ou l'Ami des Filles ou Prêt à Boire. On retrouve cette tradition dans les sociétés initiatiques africaines : le nom de l'enfant ou sobriquet est abandonné lors de l'initiation; si celui-ci est réutilisé par un tiers initié cela signifie que l'initiation n'est pas reconnue ce qui devient alors une très grave injure. Ainsi, dans toute tradition orale comme dans le compagnonnage, la détermination du nom est chose fondamentale et traduit toujours une renaissance.

Le compagnonnage est pétri d'idéalisme. Il puise son origine dans des légendes où le merveilleux, le mystérieux, le sacré impriment le quotidien. Comme le rapporte Martin Saint-Léon, la légende est souvent une déformation de la vérité : les croyances créent des traditions qui animent les sentiments de tout groupe humain (famille, tribu, nation) dont s'imprègne l'âme populaire et la réalité est bien souvent une tentative pour vivre un rêve.

Le compagnon, notamment celui du haut Moyen âge, est un homme croyant en Dieu et pratiquant. Cela se comprend quand on évalue son apparition à l'époque des grands chantiers de cathédrales, avec cet hymne de reconnaissance envers Dieu et le retour de l'espérance avec la fin de la société féodale et son cortège de fléaux (servage, barbarie). A cette époque la vie laïque est étroitement liée à la vie religieuse.

Il faut savoir également que la France des cathédrales a déplacé plus de pierres que l'Egypte pour ses pyramides et ses temples. Cela procurait donc du travail en quantité pour les ouvriers et artisans de cette époque, expliquant aussi une partie de cette reconnaissance.

Sur le plan symbolique, la légende des trois fondateurs du compagnonnage se situe dans la culture judéo-chrétienne avec Salomon, Jacques, Soubise, tous trois ayant participé à la construction du temple. L'empreinte christique existe pour les deux derniers : Jacques se serait retiré à la Sainte-Baume avec douze disciples comme le Christ et Soubise est souvent représenté en moine bénédictin. On peut noter que la légende de la mort du maître d'oeuvre Hiram trouve une part de sa vérité dans la réalité des chantiers des cathédrales où ce type d'événement se serait produit. Ainsi, avec l'effet du recul et la dispersion chronologique, la légende est-elle fortifiée.

Le compagnonnage est aussi une conscience ouvrière, car il a été pendant plus de cinq siècles une des institutions les plus puissantes du pays qui a pu développer ses différentes fonctions sociales : travail, protection, caisse de secours mutuel, solidarité... Compagnon ne veut-il pas dire celui qui partage le pain avec l'autre ?

Le compagnon est un ouvrier-artisan libre. Il faut remonter au XIIe siècle avec ce fait important qu'est l'affranchissement des communes, marquant la fin de la féodalité et du servage, véritable révolution communale où le régime municipal se substitue au pouvoir despotique, restituant une part de liberté à l'individu. A cette époque les guildes de marchands se développent et des confréries apparaissent, confréries de métiers comprenant des maîtres, ouvriers et apprentis, créant des liens de solidarité d'intérêts. Le pouvoir est exercé par des métiers où prédomine la bourgeoisie marchande. Ce système fonctionnera un certain temps puis des maîtres prendront de plus en plus de pouvoir, la convivialité entre patron et ouvriers se dissipera entraînant des scissions et, logiquement, le regroupement des artisans en associations égalitaires.

Pour Martin Saint-Léon, bien que peu prouvée, l'hypothèse de l'origine du compagnonnage au sein de ces confréries semble raisonnable. Ce n'est qu'au XVIe siècle que le terme de compagnon apparaît, bien qu'il ait été mentionné lors de la construction de la cathédrale de Strasbourg.

Entre pouvoir royal, guildes des marchands, confréries mystiques, confréries de métiesr avec maîtres et pouvoir religieux, le compagnonnage va trouver sa place au sein du système, se structurer afin de résister aux diverses attaques des uns et des autres qui jalonnent l'histoire des compagnons : arrêts de justice, interdits, édits, sentences qui visaient à limiter le développement du compagnonnage et à en prendre le contrôle.

Ainsi comprend-on aisément l'importance du secret, des rites de reconnaissance, des tuilages serrés, des mots de passe, du brûlage des archives chaque année à la fête patronale, de la sélection très sévère lors du recrutement de ses membres, de la discipline de fer et du nom compagnonnique rendant difficiles les poursuites de police contre ces hommes qui, de plus, bougeaient sans arrêt sur le Tour de France.

De cette manière le compagnonnage est devenu au cours des siècles une institution puissante, forte et incontournable. Par exemple, le premier en ville pouvait faire arrêter une production chez un patron à tout moment, pour un temps plus ou moins long, si les règles n'étaient pas respectées. Il pouvait aussi poser une interdiction de boutique. La main d'oeuvre, dans les villes, était gérée par ces cayennes qui distribuaient le travail, assurant donc l'embauche chez les patrons qui appréciaient la compétence de ces ouvriers et leur honnêteté (levée d'acquit). Aussi les dénonciations étaient rares.

En fait, le compagnonnage, société d'hommes en lutte permanente avec les différents pouvoirs, a affirmé son infrastructure proportionnellement aux obstacles et a finalement préparé l'émergence du syndicalisme moderne (placement, caisse de secours mutuel, caisse de retraite).

Le compagnonnage possède une tradition des plus importantes : le Tour de France, lieu de tous les enseignements. Enseignement professionnel – ou plutôt lieu de perfectionnement par les différentes moissons de savoir, d'intelligence, de techniques, puisque les méthodes de travail ne sont pas uniformes et varient selon les provinces –, c'est aussi une école d'enseignement général : quel beau livre de géographie mais aussi d'histoire et de sciences que ce joli compagnon qui chemine à pied ! Le plus important peut-être des enseignements demeure l'apprentissage du respect et de la différence de l'autre, rencontré sur le Tour.

C'est une épreuve physique quand celui-ci se pratique à pied. C'est aussi l'école du trait dans l'enseignement dispensé le soir à la cayenne, après le travail, dans certains corps de métiers.

Le Tour de France représentait pour ces hommes une merveilleuse chance de s'élever. Est-il utile de rappeler qu'ils étaient souvent issus de milieux populaires ouvriers ou paysans, souvent illettrés ? A la différence des syndicats modernes, le compagnon savait qu'il était l'apprenti d'hier, l'ouvrier d'aujourd'hui, le patron de demain. Il restait fidèle aux traditions dont celle de la famille : la cayenne, dirigée par la mère qui remplaçait celle restée au pays, était le havre de paix.

Ainsi le compagnonnage, société initiatique, prend ses racines au fond de l'âme humaine que l'histoire et les légendes ont façonnée. Il a oeuvré à l'anoblissement du travail manuel. A l'origine, il n'acceptait comme métiers que ceux qui entraînaient une transformation de la matière travaillée. Il impliquait également une transformation morale et intellectuelle que chacun devait vivre afin de parvenir à la distinction de compagnon fini.

Agricol Perdiguier dit Avignonnais la Vertu

Agricol Perdiguier est né le 3 décembre 1805 à Morières-lès-Avignon, d'une mère couturière et d'un père à la fois menuisier et paysan. Il consacra sa vie entière à la réforme du Compagnonnage en se mêlant un temps à la vie politique.

Agricol Perdiguier très jeune, apprend la menuiserie auprès de son père. A l'âge de dix ans, il vit les heures de la « Terreur Blanche ». Ardent républicain, son père est condamné à mort et doit se cacher. Enfant, il aura à souffrir des persécutions du régime en place et plus tard il se montrera un farouche adversaire du parti monarchique.

A treize ans, Agricol Perdiguier est apprenti chez un menuisier de Morières. A 17 ans, en 1823 à Avignon, il devient « affilié » chez les Compagnons menuisiers du Devoir de liberté, qui sont en tant qu'Enfants de Salomon toujours en lutte avec les corps de métiers dits du Devoir comprenant les Enfants de Maître Jacques et ceux du Père Soubise.

Dès lors, il part sur le Tour de France et passe par Marseille, Nîmes, et c'est à Montpellier qu'il sera reçu Compagnon en 1825, sous le nom symbolique d'Avignonnais La Vertu.

Il poursuit son chemin et on le retrouve travaillant à Béziers, Bordeaux, Chartres, ville dans laquelle il sera admis Compagnon fini. Après un séjour à Paris, Agricol Perdiguier se rend à Lyon où il y occupe la charge de Premier compagnon. Un an plus tard, son Tour de France achevé, il regagne Morières-lès-Avignon dans le Vaucluse, en 1828.

Attristé, Agricol Perdiguier l'est, par ce qu'il a vu tout au long de son Tour de France. Il racontera dans ses ouvrages combien il a souffert des discordes, des provocations sous toutes leurs formes, de la haine que l'on retrouve jusque dans les chants compagnonniques et des rixes meurtrières entre sociétés rivales. C'est alors que se développe en lui l'idée généreuse de tenter de réconcilier toutes les familles compagnonniques.

Pour ce faire, Agricol Perdiguier comprend la nécessité de se perfectionner et de s'instruire. Aussi, en 1829 prend-il la décision de s'installer à Paris. Il travaille sans relâche à réaliser cette union sans y parvenir complètement mais cependant il aura donné conscience à chaque compagnon de l'inanité de leurs querelles. C'est à cette époque qu'il commence à écrire ses premières chansons compagnonniques dans lesquelles il prêche l'union, la fraternité et la paix entre les compagnons des divers rites.

Agricol Perdiguier lit beaucoup et se perfectionne dans l'Art du Trait, science si chère aux compagnons. Il est encouragé dans son entreprise par des écrivains qui lui témoignaient estime ou amitié tels, Béranger, Lamartine, Flora Tristan, Jules Michelet, Victor Hugo, Etienne Arago, Louis Blanc et celle qui deviendra son amie, George Sand. Républicain, comme l'était son père, Agricol Perdiguier assiste à Paris aux « Trois Glorieuses ».

Pour lui, les ennuis de santé commencent, dus à la privation et au surcroît de travail - plus de 17 heures par jour.

Les années 1834 à 1836 voient la parution de ses chansons. En 1839, il publie La rencontre des deux frères augmenté d'un dialogue sur l'Architecture, d'un raisonnement sur le Trait, mais surtout d'un historique du Compagnonnage dans lequel sont dévoilés, pour la première fois, les rites, les légendes et les coutumes des sociétés compagnonniques. Ce livre a pour titre *Le Livre du Compagnonnage.*

Dès sa parution, les réactions sont diverses. Beaucoup de Compagnons sont indignés, certains crient même au scandale et seulement une minorité soutient Agricol Perdiguier dans sa lutte incessante contre les divisions et les querelles qui affaiblissent la Compagnonnage.

En 1840, fortement influencée par Perdiguier, George Sand publiera *Le Compagnon du Tour de France.* Elle encourage et apporte son appui à Avignonnais La Vertu, lorsque celui-ci entreprend son second Tour de France, toujours animé par cette idée de reconciliation.

En deux mois, il visite près de 18 grandes villes. Il distribue son livre partout allant même jusqu'à le jeter dans les villages par la portière de la diligence lorsque celle-ci ne s'arrêtait pas.

Perdiguier décide de se lancer dans la politique et en 1848 à Paris et dans le Vaucluse il est désigné comme candidat. Le 21 mars à Paris, il est élu au lendemain d'une grandiose cérémonie où dix mille compagnons de toutes tendances se réunissent place des Vosges, matérialisant ainsi le succès de son action. Elu également, le 23 avril, en Avignon, il opte pour la capitale et siège à l'Assemblée Constituante sur les bancs de la Montagne. Son rôle politique est important et il est réélu à l'Assemblée législative, le 13 mai 1849 avec un autre républicain, Tristan Duché.

A la suite du coup d'état de Louis Napoléon Bonaparte, la répression est impitoyable. Agricol Perdiguier et 65 représentants du peuple sont bannis ; parmi eux Victor Hugo, Victor Schoelcher, Martin Nadaud, Tristan Duché. Perdiguier gagne la Belgique, demeure sept mois interné à Anvers, se sauve en Allemagne et gagne Genève où il vit péniblement de son métier.

C'est là que Victor Hugo lui écrit de Jersey, le 7 octobre 1852 : « J'aime les deux honnêtes hommes qu'il y a en vous. Je serre la main du Représentant et j'embrasse l'ouvrier ».

Perdiguier a bien besoin de ce réconfort, car surveillé, soupçonné, déprimé et malade, il connaît en Suisse quatre années de détresse. C'est à cette époque qu'il rédige Les Mémoires d'un Compagnon qui connaîtront cinq éditions. La misère et la maladie accompagnent cette épreuve.

Rentré d'exil, il donne des cours de dessin, tient une librairie et un « garni » pour subsister. Il refuse, au nom de la liberté et de l'indépendance, une croix de la Légion d'Honneur et un prix Monthyon que les puissants du jour veulent lui décerner.

Agricol Perdiguier écrit sans relâche et édite des lithographies ; il travaille toujours à son rêve d'union dans la fraternité de tous les Compagnons. Aussi, en 1863, entreprend-t-il son troisième « Tour de France » pour se rendre compte des effets de sa propagande. Celui-ci sera beaucoup plus chaleureux et réconfortant que le précédent.

La santé d'Avignonnais la Vertu décline et ses dettes sont de plus en plus importantes à force de faire crédit à de nombreux compagnons.

La guerre de 1870-1871 le trouve à son poste de journaliste. Il réprouve les excès de la Commune tout en implorant en vain la pitié de Thiers pour les Communards. Les atroces représailles l'attristent et le dépriment.

En 1873, il approuve une Société des Devoirs réunis, d'où devait naître l'Union Compagnonnique, qui existe toujours, sans avoir pu pour autant, rallier tous les compagnons.

Malade, épuisé, ses dettes s'accumulant, il vend peu à peu tous ses biens pour nourrir sa famille et sauvegarder son honneur. La passion de celui que Proudhon appelait « le Saint-Vincent de Paul » du Compagnonnage s'achève le 26 mars 1875. Il meurt frappé d'une congestion cérébrale, à l'âge de 70 ans, à Paris.

Il repose maintenant dans le haut du Cimetière du Père Lachaize et sa tombe est devenue un lieu de pèlerinage pour tous les Compagnons reconnaissants, de tous les Rites, qui perpétuent le souvenir d'un homme hors du commun qui avait pour devise :

« Que tous les nobles coeurs s'unissent, le règne d'Amour est prochain. »

Glossaire compagnonnique

Nous n'avons retenu que les termes les plus usités et ceux figurant dans les différentes planches de ce numéro. Le glossaire, compris dans l'édition des Mémoires d'un compagnon d'Agricol

Perdiguier imprimé en 1977 sur les presses de l'imprimerie de Compagnonnage à Paris, nous a été fort précieux.

Accolade : dit encore baiser sous le chapeau. Etreinte et baiser fraternel ; mode de salut conventionnel.

Adoption : Cérémonie par laquelle un jeune homme est reconnu aspirant du tour de France.

Affaire (ou carré, ou cheval) : passeport compagnonnique secret ; il porte les cachets des cayennes ; « Présenter son affaire en arrivant chez la mère ». Il est détruit à la mort du compagnon

Affaires : registre, archives, correspondance d'une société de compagnons ; enfermés dans le coffre de la cayenne.

Affilié : se dit d'un ouvrier admis dans la société du Devoir et qui aspire à devenir compagnon.

Amende : Toute infraction est punie d'une amende. Elle est réglée en espèces ou en nature suivant le cas : régler une tournée d'amende, chanter une chanson d'amende.

Arrivant : se dit de celui qui arrive chez la mère et qui doit se conformer à certains usages.

Arrosage : veillée et soirée au cours desquelles on chante et boit en l'honneur des partants.

Battre aux champs : partir d'une ville en « conduite » régulière. Les compagnons se séparaient hors de la ville.

Boire en règle : boire ou trinquer suivant le rituel.

Bourgeois : se dit du « patron ».

Bois-debout : se dit des charpentiers en argot du métier.

Bons cousins : surnom donné à une époque aux compagnons des métiers forestiers : bûcherons, fendeurs, scieurs de long et charbonniers. Aujourd'hui les bons cousins ont disparu.

Bons drilles : surnom des enfants du Père Soubise.

Boîte : surnom de l'atelier.

Boutique : nom de l'atelier.

Brûler et rayer : Pour un compagnon, être brûlé, c'est ne plus figurer sur la liste des membres de la Société pour manquements aux principes. Comme en Franc-maçonnerie, les renseignements concernant le fautif peuvent être adressés à l'ensemble des cayennes du tour de France

Brûleur, brûler : se dit du compagnon qui part d'un siège sans « lever d'acquit », c'est-à-dire sans avoir payé la mère et sans avoir réglé ses affaires chez les compagnons. Ce compagnon sera signalé sur le tour.

Canne : Tout compagnon porte une canne : dans certaines sociétés on les porte courtes et elles ne servent pas à se battre. Dans d'autres sociétés, elles sont longues et garnies de fer et de cuivre. Ce sont des cannes « guerrières ». La prouesse est de prendre la canne d'un ennemi. Les jours de fête, les cannes sont parées de rubans.

Cayenne : nom du siège local dans une ville qui reçoit les compagnons charpentiers. Suivant le corps de métiers les compagnons se réunissent en cayenne ou en chambre.

Chaîne d'alliance : cérémonie qui se pratique d'une façon rituelle et qui a lieu à minuit, lors des fêtes compagnonniques. A cette occasion, le port des couleurs est obligatoire.

Chambre : lieu de réunion des compagnons. Certains, comme les menuisiers, se réunissent en Chambre, d'autres, comme les charpentiers se réunissent en Cayenne.

Champion : titre donné aux compagnons qui sortaient victorieux des rixes lors de rencontres avec une société rivale.

Chantier rompu : expression appartenant aux charpentiers qui traduit la fin d'un contrat, d'un chantier, d'une cérémonie, d'une collaboration.

Chef-d'œuvre : pièce de « réception » exécutée par celui qui va être reçu compagnon, c'est un travail exceptionnel.

Chien : surnom donné aux compagnons du Devoir.

Choquer : trinquer, boire entre compagnons.

Compagnon : deuxième étape du compagnonnage à laquelle accède l'aspirant reçu.

Compagnon de remplissage : Compagnon qui remplace un autre compagnon malade ou accidenté dans le but de ne pas retarder l'avancement des travaux.

Compagnon fini : troisième degré dans la progression compagnonnique. D'abord le compagnon est affilié ou aspirant, puis compagnon reçu avant de passer Compagnon fini.

Concours : épreuve professionnelle qui permettait à deux sociétés opposées de régler leurs différends sans se battre. Chaque société désignait un compagnon qui, une fois enfermé avec outils et matériau, devait exécuter un travail sous la surveillance du parti adverse.

Conduite : procession plus ou moins rituelle avec chants compagnonniques et adieux rituels des compagnons lorsque l'un d'eux quitte la ville. Le partant est accompagné ainsi jusqu'à la sortie de la ville.

Conduite de Grenoble : cérémonie spéciale réservée au compagnon parjure qui a déshonoré sa société après avoir volé, menti ou autres. C'est à Grenoble que cette cérémonie s'est déroulée pour la première fois.

Coterie : terminologie employée pour tout compagnon qui exerce un métier dit d'échafaudage. Dans les autres corps, on s'appelle pays.

Couleurs : rubans sur lesquels sont frappés les emblèmes du compagnonnage. Les couleurs sont frappées avec des rouleaux gravés pour les rubans en soie et avec des fers chauds pour les rubans en velours. On trouve différentes couleurs - de villes - de corporations - de deuil - Les couleurs se portent au chapeau, à la boutonnière ou en sautoir.

Coup de main : travail vite réalisé - Rendre service à un autre compagnon.

Dévoirant : Compagnon du Devoir. Enfant de Maître Jacques ou du Père Soubise. Dévorant, déformation péjorative de dévoirant.

Dignitaire : se dit d'un compagnon qui appartient au troisième ordre du Devoir de liberté et qui a la charge de sa société dans la ville.

Enfants de Maître Jacques : Compagnonnage du Devoir comprenant les tailleurs de pierre, maçons, menuisiers, serruriers, forgerons-mécaniciens, carrossiers, selliers-cordonniers, boulangers. Autrefois : les menuisiers, tourneurs, serruriers, vitriers, taillandiers, forgerons, maréchaux, charrons, tanneurs, corroyeurs, chaudronniers, teinturiers, fondeurs, ferblantiers, couteliers, bourreliers, selliers, cloutiers, tondeurs de drap, vanniers, doleurs, chapeliers, sabotiers, cordiers, tisserands, boulangers, cordonniers.

Enfants du Père Soubise : autre groupe constituant le compagnonnage du Devoir et qui comprend actuellement : charpentiers, couvreurs-zingueurs, plombiers, plâtriers.

Enfants de Salomon : surnom donné aux tailleurs de pierre qui se séparèrent des enfants de Maître Jacques durant les guerres de religion. Exilés au moment de l'édit de Nantes, ils furent appelés « étrangers ». A la suite de la création du Devoir de liberté, en 1804, le nom d'enfants de Salomon fut étendu à tous les compagnons qui y adhérèrent, ce qui fit réagir les « étrangers » qui seuls portaient le nom d'enfants de Salomon. Leur rite est le Devoir de liberté.

Esponton : jeune ouvrier vivant en marge de la société compagnonnique (Devoir de liberté). Ce sobriquet avait un caractère péjoratif.

Etrangers : Compagnons tailleurs de pierre du Devoir de liberté.

Etre mis sur les champs : Cérémonie rituelle qui consacre un jeune ouvrier commençant son tour de France

Fausse conduite : simulacre organisé par les renards (voir renards), elle avait pour finalité de provoquer les compagnons et de les pousser à des rixes où tous les coups étaient autorisés. La violence de ces fausses conduites entraînaient parfois des blessures très graves, voire mortelles.

Finir : élever un compagnon au titre et rang de compagnon fini.

Gavot : surnom donné aux compagnons menuisiers et serruriers du Devoir de liberté.

Guilbrette ou Guillebrette : gestes rituels solennels très importants, aux pratiques variées. La guilbrette était articulée autour de l'accolade (Voir accolade) que deux compagnons se doivent lors de rencontre sur le tour de France en certaines circonstances. Elle est pratiquement abandonnée de nos jours. Les compagnons du Devoir de liberté ne faisaient pas la guilbrette.

Hurlement (ou cris) : cris symboliques et rituels qui étaient produits par certains compagnons. C'était une sorte de langage où la déformation des

mots empêchait les compagnons d'être compris par des profanes, notamment lors des conduites et des funérailles.

Indiens : nom que se donnèrent les compagnons charpentiers du Devoir de liberté qui se réclamaient d'un père indien qui aurait participé à la construction du temple de Salomon.

Initié : dans le Devoir de liberté, compagnon reçu au troisième ordre ou ordre des initiés.

Installer le devoir : installer officiellement une société compagnonnique dans une ville.

Jacques : compagnons du devoir du rite de Maître Jacques.

Lapin : nom donné à l'apprenti.

Levage d'acquit : règlement d'une dette ou d'une convention de travail. Formalités rituelles avant le départ de la ville.

Libertin : surnom péjoratif des compagnons du Devoir de liberté.

Limousineux : surnom donné au XIXe siècle aux compagnons couvreurs.

Loups : surnom donné aux compagnons tailleurs de pierre du Devoir de liberté (Enfants de Salomon).

Loups-garous : surnom des tailleurs de pierre de Maître Jacques.

Mère : nom que porte la femme qui gère et anime une cayenne. Elle représente l'autorité la plus stable dans le compagnonnage, dont elle est un personnage essentiel et particulièrement respecté.

Mettre sur les Champs : accompagner un compagnon partant sur le tour de France.

Pays : nom commun à tous les compagnons autres que les tailleurs de pierre, charpentiers, couvreurs, plâtriers (chez qui il est remplacé par coterie).

Quinzaine : obligation faite dans certains cas au compagnon de travailler encore quinze jours dans la ville qu'il va quitter si sa société en éprouve le besoin.

Remercier la société : cérémonie au cours de laquelle le compagnon renonçait au compagnonnage pour devenir sédentaire.

Renard : nom donné généralement aux indépendants ou à des réfractaires du compagnonnage. Chez les Soubise, nom des apprentis.

Rouleur ou Rôleur : compagnon chargé d'accueillir, pour une période variable suivant les sociétés, les arrivants et de leur procurer du travail. C'est lui qui, au cours des cérémonies, assemblées, réceptions et conduites faisait office de Maître de cérémonies et devait assurer l'ordre.

Salomon : un des trois fondateurs légendaires du compagnonnage avec Maître Jacques et le Père Soubise. C'est le patron du Devoir de liberté.

Singe : nom traditionnel du patron.

Toper : interroger rituellement tout compagnon rencontré sur son chemin. Le topage conduisait bien souvent à des rixes entre compagnons qui n'étaient pas du même Devoir.

Trait : terme pour désigner l'art de dessiner les appareils de charpente, de pierre, de menuiserie etc…

Trimard : synonyme de tour de France.

Troisième ordre : grade supérieur à celui de compagnon fini qui se pratiquait au XIXe siècle dans le Devoir de liberté. Ceux qui possédaient ce grade étaient appelés initiés ou dignitaires. C'est sous l'impulsion d'Agricol Perdiguier que ce grade disparut suite à des abus de prérogatives que s'étaient octroyés certains initiés.

Ville de devoir : ville où se pratiquent les réceptions.

• • • SAGIM • CANALE • • •

Achevé d'imprimer en novembre 2003
sur rotative Variquik
à Courtry (77181)

Imprimé en France

Dépôt légal : novembre 2003
N° d'impression : 6973